二战风云
震撼博览

史诗巨著
全彩呈现

战场对决

第二次世界大战的转折

胡元斌 严 锴 主编

台海出版社

前言 PREFACE

　　1937年7月7日，驻华日军在卢沟桥悍然向中国守军开炮射击，炮轰宛平城，制造了震惊中外的"七七事变"，中国的抗日战争全面爆发。1939年9月1日，德国入侵波兰，第二次世界大战正式开始。1945年9月2日，日本签署投降书，第二次世界大战宣告结束。

　　这是人类社会有史以来规模最大、伤亡最惨重、造成破坏最大的全球性战争，也是关系人类命运的大决战。这场由德、意、日法西斯国家的纳粹分子发动的战争席卷全球，世界当时人口总数的80%的20亿人口受到波及。这次世界大战把全人类分成了两方，由美国、苏联、中国、英国、法国等国组成的反法西斯同盟国与由德国、日本、意大利等国组成的法西斯轴心国，进行对垒决战。全世界的人民被拖进了战争的深渊，迄今为止这是人类文明史上绝无仅有的浩劫和灾难。

　　在这场大战中，交战双方投入的兵力和武器之多、战场波及范围之广、作战样式之新、造成的损失之大、产生的影响之深远都是前所未有的，创造了许多个历史之最。

　　第二次世界大战的胜利具有伟大的历史意义。我们历史地、辩证地看待这段人类惨痛历史，可以说，第二次世界大战的爆发给人类造成了巨大灾难，使人类文明惨遭浩劫，但同时，第二次世界大战的胜利，也开创了人类历史的新纪元，给战后世界带来了广泛而深远的影响。

促进了世界进入力量制衡的相对和平时期；促进了一些殖民地国家的民族解放；促进了许多社会主义国家的诞生；促进了资本主义国家的经济、政治和社会改革；促进了世界科学技术的进步；促进了军事科技和理论的进步；促进了人类认识史上的一场伟大革命；促进了世界人民对和平的深刻认识。

　　第二次世界大战的胜利也是世界人民反法西斯战争的胜利，成为20世纪人类历史的一个重大转折，它结束了一个战争和动荡的旧时期，迎来了一个和平与发展的新阶段。我们回首历史，不应忘记战争给我们带来的破坏和灾难，以及世界各个国家和人民为胜利所付出的沉重代价。我们应当认真吸取这次大战的历史经验教训，为防止新的世界大战发生，维护世界持久和平，不断推动人类社会进步而英勇奋斗。

　　这就是我们编撰《第二次世界大战纵横录》的初衷。该书综合国内外的最新研究成果和最新解密资料，在有关部门和专家的指导下，以第二次世界大战的历史进程为线索，贯穿了第二次世界大战的主要历史时期、主要战场战役和主要军政人物，全景式展现了第二次世界大战的恢宏画卷。

　　该书主要包括战史、战场、战役、战将和战事等内容，时空纵横，气势磅礴，史事详尽，图文并茂，具有较强的历史性、资料性、权威性和真实性，非常有阅读和收藏价值。

战场对决

目录 CONTENTS

欧洲战场的战略转移

太平洋战场的战略转折

战场对决

第 二 次 世 界 大 战 的 转 折

德军在苏联战场受挫

　　1941年12月，苏军在莫斯科方向转入反攻并取得莫斯科保卫战的胜利后，夺回了战略主动权。库尔斯克会战，苏军彻底粉碎了德军的进攻战略；第聂伯河会战，苏军挫败了德军建立坚固阵地防御、打持久阵地战的战略企图，这两次战役的胜利，使苏军从斯大林格勒反攻开始的卫国战争的根本转折遂告完成。

苏德双方争夺
战略主动权

　　莫斯科会战和苏军发动冬季总攻后，德军的力量受到很大削弱，冬季作战结束时德军伤亡总数达116万余人。尽管如此，1942年春，他们尚拥有860万人的庞大兵力。在苏德战场，部署着德军及其仆从国军队近620万人，坦克3229辆，各种火炮约5.7万门，作战飞机3395架。

　　而苏军取得两大战役的胜利之后，实力有了很大增强。至1942年5月，苏军作战部队共510万人，坦克约3900辆，火炮、迫击炮4.49万门，作战飞机2200多架。与此同时，盟国对苏军的援助越来越大，并且对德军采取的行动也越来越积极，日本北进威胁苏联的可能性越来越小。从总的态势看，苏德战场的形势已朝着对苏军有利的方向发展。

　　1942年4月5日，德军统帅部发布东线作战第四十一号训令，希特勒被迫放弃一贯奉行的全线进攻战略，采取逐次进攻战略，要求"歼灭苏军残存的有生力量，尽可能多地夺取它的最重要的战争经济资源"，重新夺取战略主动权。

　　作战的基本方针是：

　　　　中路陆军放慢进攻速度；在北面，应攻陷列宁格勒，并与芬兰军队建立陆上联系；在陆军战线南翼，应楔入高加索地区。

　　考虑到冬季会战的结果、可供使用的兵力兵器和运输状况，只能逐步实现上述目标。

希特勒确定的先后顺序是：

> 目前应把所有可以动用的兵力集中到南段主要作战方向，以歼灭顿河前面的敌人，接着占领高加索地区的油田和通往高加索山脉的通道。
>
> 一旦包围地区形势发展允许，或者从别的地方抽出足够的兵力，就应最后攻占列宁格勒和夺取英格曼兰。

为实现上述目标，并为夏季作战做好准备，希特勒决定，首先在克里米亚肃清刻赤半岛的苏军，占领塞瓦斯托波尔，在哈尔科夫地域铲除苏军在巴尔文科沃的突出部。

就在希特勒磨刀霍霍准备打败苏联的时候，苏军最高统帅部也在酝酿于1942年彻底粉碎希特勒军队的计划。

苏军最高统帅部认为，1942年夏季，德军可能在莫斯科和南线发动大规模进攻，其中莫斯科方向将是德军的主攻方向，此线将决定1942年夏季战局的成败。为此，苏军将战略预备队的大部兵力集中到布良斯克地域。

第5坦克集团军也在布良斯克方面军后方展开。西南方向则只配置了很少的预备队，而且没有制订应急的行动方案。

由于苏军在冬季攻势之后，必要的预备队尚在组训之中，兵力、兵器不足以展开大规模进攻战役，因而关于而后一个时期的行动计划，苏军最高统帅部决定，采取积极的战略防御，但同时应在克里米亚、列宁格勒和杰米扬斯克、哈尔科夫地域、斯摩棱斯克方向、利沃夫——库尔斯克方向实施局部性进攻战役，在夏初消耗、疲惫敌人，待积蓄足够的预备队后，再展开大规模进攻。

1942年4月下旬，苏军最高统帅部批准西南方面军在南方面军部分兵力协同下实施哈尔科夫进攻战役。

计划确定：

从沃尔昌斯克、巴尔文科沃屯兵场对哈尔科夫发动向中心突击，粉碎德军哈尔科夫集团，夺取哈尔科夫，然后调整部署；从东北面实施突击，夺取第聂伯罗彼得罗夫斯克和锡涅利尼科沃，使德军失去第聂伯河上的重要渡口和锡涅利尼科沃铁路枢纽，为解放顿巴斯创造条件。

为了便于在临近的夏季进攻中指挥南翼的军队，苏军最高统帅部于1942年4月21日任命布琼尼为北高加索方向总司令，统一指挥克里米亚方面军、塞瓦斯托波尔防区、北高加索军区、里海和亚速海区舰队。

苏德双方争夺战略主动权的作战行动，是从1942年春德军进攻刻赤半岛开始的。

德军进攻刻赤半岛前，这里的形势十分复杂。在这一地域与德军对峙的是苏军克里米亚方面军，它拥有第四十七、第五十一和第四十四编有加强兵器的集团军，共计21个步兵师、3577门火炮和迫击炮、347辆坦克和400架飞

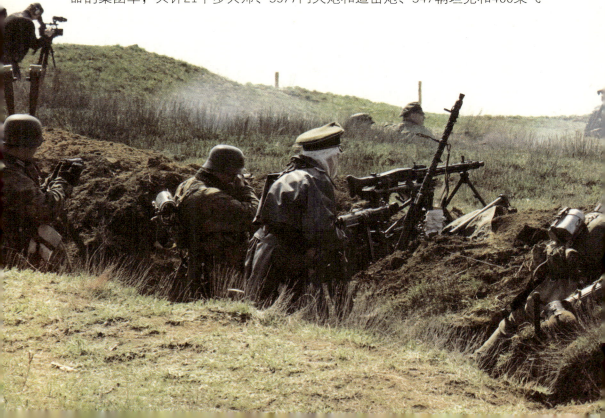

机。与德军第十一集团军拥有的10个半步兵师、2472门火炮和迫击炮、180辆坦克以及不到400架飞机相比，苏军占据明显优势。

2月至4月，克里米亚方面军曾3次试图突破德军防线，均未成功，被迫转入防御。但是，方面军的战役布势却仍按进攻态势部署，不适于进行防御。2/3的兵力集中在北部直至基特的突出的弧形阵地上，南部的第一线只有3个师加上预备队的两三个师，不足6个师，兵力薄弱。

针对苏军的兵力布置，德军曼施泰因制订了代号为"鸨"的作战计划。

"鸨"计划的基本企图是：

第三十军以3个师的兵力沿黑海海岸对苏军薄弱的南部防线发动出其不意的攻击，突破防线后迅速向北部苏军后方和翼侧迂回，会同在北部担任佯攻任务的德军第四十二军和罗马尼亚第七军围歼北部苏军集团。

二战战场上对峙的士兵 ❤

与此同时，德军计划从费奥多西亚派出一个营的兵力，乘突击艇在苏军后方登陆。

1942年5月8日，德军第十一集团军发起"鸨"作战行动，航空兵对克里米亚方面军进行了密集突击。担任主攻任务的德军第三十军首先向苏军薄弱的第四十四集团军发起攻击，担任偷袭任务的德军也在苏军后方登陆成功。

第四十四集团军由于缺乏充分的准备，没有建立纵深梯次防御，防线很快被突破。德军随后迅速向北部的苏军第四十七、第五十一集团军迂回，企图合围北面的苏军。

鉴于局势严重，苏军最高统帅部于5月10日清晨命令克里米亚方面军撤至土耳其壁垒，组织顽强的防御。但是，方面军领导没有执行最高统帅部的命令。

5月11日，最高统帅部责成北高加索方向总司令布琼尼急速前往克里米亚方面军司令部所在地刻赤市，整顿该方面军军事委员会，"使用一切防御手段，一切部队，空军和海军的兵器，不让敌人向土耳其壁垒以东推进"。由于克里米亚方面军错过了时机，推迟了两昼夜才撤退，未能在土耳其壁垒组织起坚强的防御。5月13日，土耳其壁垒被突破。

5月14日，德军突至刻赤城西部和南部。布琼尼在征得最高统帅部的批准后，被迫下令克里米亚方面军撤出刻赤半岛。15日，德军占领刻赤半岛。

5月15日至19日，苏军一面反击德军的攻击，一面横渡刻赤海峡撤往塔曼半岛，几天内共撤出近12万人。未及撤出的人员，则留在刻赤半岛的许多采石场内坚持战斗，最后大都壮烈牺牲。

刻赤半岛一战，在兵力、兵器方面占有很大优势的苏军克里米亚方面军损失约17.65万人、300多辆坦克、近3500门各种火炮、400架飞机。这是苏军自莫斯科保卫战胜利以来的第一次严重失利。

苏军最高统帅部对此十分重视，于1942年6月4日专门发出训令，总结了苏军失利的原因。

训令指出：克里米亚方面军领导"不理解现代战争的性质"，是苏军失

利的基本原因。这突出表现在，他们把各师展开成一线，没有建立第二、第三梯队，在敌人突破防线后，未能派出足够的兵力抗击敌人，封闭突破口；而且，不顾开阔平原的地形特点，让全部步兵和炮兵过分接近敌军；不能有效地组织各集团军之间、地面部队与航空兵之间的协同；撤退时缺乏组织；在战术上，当德军对左翼实施主要突击时，苏军不是及时采取有力措施加强右翼，而是消极怠战，结果使德军轻易突破防线，达成合围。

德军第十一军夺取刻赤半岛之后，转而将全部兵力用于攻打塞瓦斯托波尔，共集结约20.4万人、450辆坦克、2000多门火炮以及600架飞机的强大兵力。与驻守塞瓦斯托波尔的苏军10.6万人、600门火炮、38辆坦克和53架飞机相比，德军占有明显优势。

6月2日至7日，塞瓦斯托波尔遭到德军地面及航空炮火的猛烈攻击。

6月7日拂晓，德军转入进攻。德军第五十四军从北面和东北面对北湾东端实施主要突击，第三十军从卡马雷地区越过萨莲山向塞瓦斯托波尔东南郊实施辅助突击，罗马尼亚山地军在中段进行牵制。

前5天，苏军顶住了德军的疯狂进攻。

由于德军成功地从海上封锁了苏军的交通补给线，塞瓦斯托波尔守军的补给日益困难，弹药日缺，兵力消耗也很大。相反，德军在得到第十七军的加强后，突击力大大增强。

6月18日，德军在付出巨大代价后推进到北湾、因克尔曼和萨蓬山等地。6月29日，德军楔入塞瓦斯托波尔市区。

6月30日，苏军被迫从坚守8个月之久的塞瓦斯托波尔撤退。

塞瓦斯托波尔的失守，使苏军失去了黑海舰队的主要基地，整个克里米亚落入德军之手。这对苏军来说，在相当大的程度上进一步恶化了总的形势；而对德国来说，自然是有利的，因为这样就使德军能腾出一个有作战能力的集团军和相当数量的加强兵器。

德军在刻赤发动进攻后的第五天，即1942年5月12日，苏军西南方面军在哈尔科夫方向转入进攻。德军当时也正准备进攻，目的是守住哈尔科夫，

消除第聂伯罗彼得罗夫斯克地域德军南翼交通线的危险，并占领北顿涅茨河以西、哈尔科夫东南地区，为而后渡河东进创造条件。为此，德军在哈尔科夫地区集结了大量兵力。

苏军西南方面军的进攻开始时很顺利，各突击集团3天内就突破了德军第六军的防御。在哈尔科夫以北推进18至25千米，以南推进25至50千米，德军第六军处境危急。

苏军如将快速兵团及时投入突破口，即可迅速扩大战果。但是，西南方面军领导被所谓兹米约夫地域有德军坦克重兵团的情报所迷惑，直至17日才将各坦克部队投入战斗，延误了战机。德军得以从容调集援军，封闭突破口，并在后方组织起顽强的防御，苏军进攻速度锐减。

5月17日晨，德军"克莱斯特"集群以15个师的兵力，在斯拉维扬斯

战场上的士兵

克、克拉马托尔斯克地区转入反攻。这一情况完全出乎苏第九集团军和整个南方面军的预料。经过一昼夜的激战，德军突破了第九集团军防线，向前推进20千米，很快对第五十七集团军和从南面进攻哈尔科夫的西南方面军突击集群的后方构成威胁。

西南方面军军事委员会对这一严重威胁，没有给予应有的重视，苏军最高统帅部也未能认清形势，没有接受苏军总参谋长华西列夫斯基提出的立即停止对哈尔科夫进攻、以消除来自南面的威胁的建议。

5月18日，西南方面军的形势急剧恶化，华西列夫斯基再次建议停止进攻，抽调巴尔文科沃突击集团的主要兵力肃清楔入之敌，恢复第九集团军的态势，但再次遭到最高统帅部的拒绝。

5月19日，情况更趋恶化。直至下午德军楔入苏军后方、企图在巴尔文科沃突出部合围苏军时，苏军才下令停止对哈尔科夫的进攻，调转南部集团对付楔入的敌人，但是为时已晚。此时，德军已重创第九集团军，并将其赶过了顿涅茨河。随后，德军"克莱斯特"集群和第六军迅猛楔入苏军第六、第五十七集团军和博布金将军的集团军战役集群后方。

5月23日，在巴拉克列亚以南10千米地区会合，合围了这些苏军。与此同时，德军还加强了在沃尔昌斯克方向的突击，并成功地合围了苏军第二十八集团军。

为了打破德军的合围，西南方向指挥部指令第三十八集团军从外部实施突击，但没有多大成效。被围苏军除小部分突围成功外，大部分坚持至29日被歼。此战是苏军自刻赤失败后遭到的一次更为惨重的失败。苏军牺牲和被俘达23万人，损失坦克755辆、火炮5000多门。西南方面军副司令员科斯坚科中将等众多高级将领阵亡，而德军仅损失2万人。

德军在苏联的
夏季进攻

德军统帅部在1942年春季夺得苏德战场的战略主动权后，决心利用有利形势加紧进行夏季进攻的准备，并于6月初制订了为在苏德战场南翼发动攻势而首先采取的两个大规模进攻战役计划，即沃罗涅日进攻战役和坎捷米罗夫卡进攻战役，统称"蓝色"行动。此时，苏德战场南翼已移至奥廖尔以东、沃罗涅日、米列罗沃、罗斯托夫，以及亚速海东岸一线。

沃罗涅日战役，预定在向心方向实施两个突击行动：一个从库尔斯克东北地域向沃罗涅日突击，代号"蓝色1号"；另一个从沃尔昌斯克向奥斯特罗戈日斯克方向实施突击，代号"蓝色2号"。德军企图通过此役粉碎沃罗涅日方向上防御的苏军集团，将其围歼于旧奥斯科尔以西地区，前出到沃罗涅日至新卡利瓦特地段的顿河一线，并在顿河东岸占领登陆场。坎捷米罗夫卡战役，代号"蓝色3号"，则预定在德军推进到沃罗涅日地区以后开始。

根据制订的计划，德军实施第一个战役的突击集团于6月下半月在库尔斯克东北地区和哈尔科夫东北地区基本完成集结和展开。与此同时，在顿巴斯也开始集结兵力，准备实施第二个战役。

为了保证夏季进攻战役的顺利实施，德军统帅部从德国、法国以及苏德战场其他方向抽调约29个师的兵力加强沃罗涅日方向的突击力量。

这样，德军南方集团军群的集团军总数增加至8个。此外，罗马尼亚第三集团军也正在向乌克兰调动。

为适应在西南方向实施重点进攻的需要，德军统帅部在夏季进攻前夕，对德军东线部队的指挥结构进行了调整。德军南方集团军群被分为B、A两个

集团军群：B集团军群由博克元帅指挥，下辖德军第四装甲集团军，第二、第六集团军和匈牙利第二集团军；A集团军群由利斯特元帅指挥，下辖德军第二十一装甲集团军、第十七和第十一集团军，以及意大利第八集团军。这次改编于7月上旬最后完成。在B集团军群中又建立了由德军第二集团军、第四装甲集团军和匈牙利第二集团军组成的"魏克斯"集团军级集群。

截至1942年6月底，德军在苏德战场的兵力总共达11个野战集团军、4个装甲集团军、3个战役集群，共计230个师又16个旅，共560万余人、9000多门火炮、3700辆坦克和3200余架作战飞机。

德军最大的重兵集团A、B两个集团军群，配置在苏德战场西南方向。这里展开了当时德军在苏德战场上的37％以上的步兵团和骑兵团，53％左右的装甲和摩托化部队。这两个集团军群的编成内共97个师90万余人、1200辆坦克、1.7万余门火炮、1640架作战飞机。与德军部队相对峙的苏军，在人员和坦克的数量上与德军大致相等，但飞机、火炮较德军落后。

二战战场上的士兵

苏军经过5月和6月的数次战役后，尚未获得时间进行补充休整和调整部署。6月底，苏军在苏德战场北段和中段的部署基本未变，南翼较之5月初稍有变动。苏军撤销了西方向、西南方向、北高加索方向的指挥部，布良斯克方面军、西南方面军和南方面军改由苏军最高统帅部直接指挥。布良斯克方面军、西南方面军和南方面军的任务是固守现有阵地，在沃罗涅日、斯大林格勒和高加索方向组织防御。新组建的高加索方面军负责掩护亚速海和黑海东岸。西方向和西北方向的苏军部队，基本任务是改善现有态势，牵制德军兵力。

6月28日，德军发起侵苏战争第二年的夏季进攻。德军B集团军群的"魏克斯"集群向苏军布良斯克方面军左翼突击，从苏军第十三集团军和第四十集团军的接合部突破了苏军防御。6月30日，德军第六集团军从沃尔昌斯克地区发起进攻，突破了苏军第二十一、第二十八集团军的防御。至7月2日，德军突破苏军布良斯克方面军左翼和西南方面军右翼的防御，并向纵深推进约80千米，给苏军造成了前出顿河、占领沃罗涅日的威胁。

为阻止德军进攻，苏军最高统帅部将大本营预备队中的3个集团军调至顿河地区，并将新编第五装甲集团军集中到北面的耶列茨地区，对进攻沃罗涅日的德军集团后方和翼侧实施反突击。苏军第五装甲集团军的反突击，迫使德军统帅部将沃罗涅日地域的突击集团分兵北调，从而削弱了德军对沃罗涅日的进攻。苏军的反突击措施，虽然降低了德军的推进速度，但德军仍于7月6日楔入沃罗涅日。

为便于指挥在沃罗涅日方向作战的部队，苏军最高统帅部于7月7日将布良斯克方面军左翼各集团军编为沃罗涅日方面军，并赋予其肃清顿河东岸德军并扼守东岸的任务。

此时，德军向沃罗涅日方向的进攻虽被制止，但这个方向的形势仍十分危急。布良斯克方面军和西南方面军的防御地带正面约300千米、纵深150至170千米被德军突破，德军已前出到顿河，并在沃罗涅日以西强渡了该河，由北向南对苏军西南方面军右翼实施深远迂回，从而对西南方面军和南方面军

后方构成极大威胁。

德军统帅部决定沿向心方向分两路向坎捷米罗夫卡实施突击。

7月7日，德军A集团军群第一装甲集团军展开进攻，防守顿巴斯的苏军南方面军右翼和中央的部队有组织地向东南实施后撤。同日，德军第六集团军强渡黑卡利特瓦河，向东南发展进攻。至7月11日，进入顿河大弯曲部，从东北和东面包围了苏军西南方面军主力。苏军被迫在坎捷米罗夫卡以南和西南苦战。由于驻卡拉奇的西南方面军指挥部从7月7日起同所属部队大部失去联系，苏军统帅部决定西南方面军中央和左翼部队转隶南方面军。

德军前出顿河中游后，希特勒命令第匹装甲集团军转隶A集团军群，从斯大林格勒方向转向罗斯托夫方向推进，以便对苏军南方面军实施更大合围。

7月15日，德军第四装甲集团军先头部队已前出到莫罗佐夫斯克和米列罗沃地区，德军第一装甲集团军先头部队则前出到卡缅斯克地区，苏军南方面军在顿河西岸的情况日益严重。

为免遭合围，苏军统帅部决定将南方面军从顿巴斯撤过顿河，协同北高加索方面军部分兵力在上库尔莫亚尔斯卡亚至巴加耶夫斯卡亚一带的顿河东岸，以及罗斯托夫以北接近地组织防御。7月15日，苏军南方面军开始后撤。7月23日，德军第一装甲集团军楔入罗斯托夫，守卫该市的苏军第五十六集团军退至顿河东岸。至24日，南方面军主力已撤至顿河东岸。

6月28日至7月24日，苏军在沃罗涅日方向和顿巴斯进行的防御战役以失利告终，防御部队在德军突击下被迫后退150至400千米。

德军突破布良斯克方面军和西南方面军的防御后，推进到顿河大弯曲部，攻占了重要战略据点罗斯托夫，强渡了顿河下游，从而对斯大林格勒和北高加索构成直接威胁。

苏军最高统帅部对德军1942年夏季攻势主要突击方向判断失误，又无法及时调整部署做好防御准备，结果遭到失利。但是，德军合围并歼灭苏军西南方面军和南方面军的基本目的并未达到。苏军经过顽强抵抗，被迫后撤，随后进行了具有重大意义的斯大林格勒会战，以及高加索会战。

苏德两军的
斯大林格勒会战

　　1942年春至1942年7月，苏军在哈尔科夫战役和克里米亚战役中的失利，使德军凭借其在西南方向的优势兵力向斯大林格勒方向和高加索方向迅速发展进攻。

　　苏军在抵抗失败后，忍痛放弃了在经济上和战略上都具有重要意义的南部地区，退至伏尔加河和高加索山前地带。

　　德军于7月中旬以前前出到顿河大弯曲部，威逼斯大林格勒附近的伏尔加河。于是，一次规模宏大的决定性会战，斯大林格勒保卫战拉开了帷幕。

　　斯大林格勒位于伏尔加河下游西岸、顿河大弯曲部以东约60千米处，是苏联欧洲部分东南部的政治、经济和文化中心，铁路和内河运输枢纽、欧亚两洲的咽喉，也是苏联重要的军事工业基地，在军事上具有重要的战略意义。战前人口约60万。

　　斯大林格勒以西、以南为广阔的顿河下游地区、库尔班河流域和高加索，这些地区是苏联粮食、石油和煤炭的主要产区。

　　1941年乌克兰被德军占领后，斯大林格勒便成为苏联中央地区通往南方重要区域的唯一交通线的咽喉，战略地位更趋重要。斯大林格勒市区沿伏尔加河西岸延伸，呈狭长形，地势起伏不平，市内有许多高大建筑。城西近郊地势较高，城东河岸陡峭，城南多长条形湖泊。市区附近的伏尔加河河宽1至2千米。

　　德军的战略企图是：

集中主力于苏德战场南翼，迅速攻占高加索和斯大林格勒，占领巴库和伏尔加河下游地区，夺取丰富的石油资源、粮食和工业设施，然后北取莫斯科，南出波斯湾。

最初将主力集中在高加索方向，企图首先以斯大林格勒方向上的进攻行动保障对高加索的突击。

德A集团军群越向高加索推进，斯大林格勒地域的战斗对其后方的威胁越大。陷入斯大林格勒的作战后，德军甚至想短时间的摆脱都不可能，哪怕想在这里转入防御也不行了。

对德军来说，摆脱当前困境的唯一出路就是，击溃苏军，夺取斯大林格勒地域。不解决这两个问题，要想稳定南方法西斯德军的整个战略路线，尤其是保障高加索方向，是不可能的。

由于防守斯大林格勒方向的苏军顽强作战，打乱了希特勒的计划，迫使其将主力转移至斯大林格勒方向进行决战，从而使这一方向很快就从辅助的地位变成了整个苏德战场上具有决定意义的方向。

苏军最高统帅部正确分析了形势，决心在苏德战场南翼组织坚强防御，阻止德军进攻，坚守斯大林格勒，逐步消耗德军突击集团，为组训和调遣预备队赢得必要的时间，在条件具备时，即转入反攻，以歼灭德军重兵集团，扭转整个苏德战场的形势。

德军统帅部最初指定由B集团军群的第六集团军和第四装甲集团军担任斯大林格勒方向的突击任务。

但是，当B集团军群前出到顿河大弯曲部后，希特勒认为斯大林格勒方向无需用那么多兵力，遂命令第四装甲集团军从斯大林格勒方向南下，转隶A集团军群，以便向罗斯托夫发展进攻。

为使第六集团军集中最大限度的兵力进攻斯大林格勒，又向B集团军群调拨了意大利第八集团军，该集团军前出到顿河沿岸，在顿河西岸的巴甫洛夫斯克至韦辛斯卡亚地段展开。

在斯大林格勒方向担任空中支援任务的是得到德军第八航空军加强的第四航空队部分兵力。这样，截至7月17日，在斯大林格勒方向进攻的德军部队计有实力较强的德军第六集团军的14个师、3000门火炮、近500辆坦克和1200架飞机。

为了建立新的防线，苏军从纵深前出后，从行进间就地占领了没有构筑防御设施的阵地。斯大林格勒方向的大多数部队都是新建部队，又非常缺乏歼击航空兵、反坦克和防空火器，许多师弹药不足。

鉴于斯大林格勒方向所形成的独立性和双方在这里已集结大量兵力，为便于统一指挥防御部队抗击德军进攻，苏军最高统帅部遂于7月12日决定在西南方面军原有基础上组建斯大林格勒方面军，担负斯大林格勒方向的防御任务。铁木辛哥元帅被任命为方面军司令员。

实际上，到7月17日，与德军第六集团军当面对峙的主要是苏军第

战场上的士兵

六十二、第六十三集团军的12个师约16万人、2200门火炮、约400辆坦克和近500架飞机。此外，苏军远程轰炸航空兵和国土防空军歼击航空兵还可提供一定的空中支援。

斯大林格勒方面军的任务是：

固守巴甫洛夫斯克至上库尔莫亚尔斯卡亚一线，阻止德军向伏尔加河推进，消耗、削弱德军的有生力量；

坚决守住斯大林格勒，钳制德军突击集团主力，为而后转入反攻歼灭德军重兵集团创造条件。

鉴于要以有限兵力防守很长的防线，方面军决心集中主力于左翼的顿河大弯曲部，并掌握强大的战役预备队，准备适时向西南和西方实施强大的反突击，粉碎德军进攻。

为了保卫斯大林格勒及其市区，苏军在顿河与伏尔加河之间还构筑了4道防御地带，即外层围廓、中层围廓、内层围廓和市区围廓。会战开始前，尽管这些围廓的工程仅完成40%~50%，但仍对城市防御起到不小的作用。

斯大林格勒城防委员会和州党委，采取多种措施加强民兵和城市消防，组织了由工人、农民组成的许多民兵营。

苏军统帅部采取的措施，改善了斯大林格勒方向的形势，消除了德军突然冲至伏尔加河的威胁。

为攻占斯大林格勒，德军第六集团军司令决定：

对斯大林格勒市中心实施两路突击，即以4个师的兵力从亚历山大罗夫斯克地域向东，以3个师的兵力从萨多瓦亚车站地域向东北，分别实施突击，分割苏军防线。斯大林格勒西北和以南的其余德军部队，则采取牵制行动。

截至9月12日，苏军斯大林格勒方面军有6个集团军防守从巴甫洛夫斯克到耶尔佐夫卡一线；东南方面军有4个集团军防守斯大林格勒市区和南部的湖泊地带。

9月13日，德军第六集团军开始对市区中部大举进攻。

从9月13日至26日，德军向市中心的第六十二集团军所属部队反复发动冲击。

9月14日，德军进攻马马耶夫岗和1号火车站，在不到4千米宽的正面集中了4个师。1号火车站的争夺持续一周之久，反复易手13次。

截至26日，德军以惨重代价在一个宽约10千米的地段击退苏军，占领了市中心区一部和城市南部，从库波罗斯诺耶地域前出到伏尔加河岸，切断了苏军第六十二集团军与第六十四集团军的联系。

9月28日，斯大林格勒方面军改称顿河方面军，东南方面军改称斯大林格勒方面军。

10月27日，经补充后的德军开始发动第二次大规模强攻，主要突击指向在北部工厂区和奥尔洛夫卡地域防御的苏军部队。结果，双方在这里形成胶着状态，展开了反复争夺战。

10月14日和11月11日，德军先后攻占了拖拉机厂和"街垒"工厂南部，并从这两处突击至伏尔加河河岸。

苏军第六十二集团军被分割成3个孤立部分，但在市区仍固守着3个登陆场，面积分别为14平方千米、1.28平方千米和1平方千米。第六十二集团军依托这3块被分割的阵地，顽强死守，阻止德军进攻，一直坚持到防御战结束。

德军为攻占斯大林格勒，仅10月份就向斯大林格勒地域增调约20万人、近90个炮兵营、约40个受过专门攻城训练的工兵营。在苏军第六十二集团军的防御正面上，德军主要突击兵团达8个师，约9万人，并配备有300余辆坦克。

德军不但实施猛烈的地面进攻，而且对斯大林格勒进行了大规模空袭。

在市区争夺的67天中，德军共出动飞机7万余架次，平均每昼夜1000至1500架次以上。苏军航空兵在市区战斗期间，共出动飞机4.5万余架次，平均每昼夜670余架次。

苏军为增加城防兵力，确保第六十二集团军不断得到新锐部队补充，以便长久地与德军反复争夺，从9月14日至10月16日的33天中，陆续向市区增派了10个步兵师、2个坦克师和1个步兵旅。

伏尔加河区舰队在从伏尔加河东岸向斯大林格勒运送人员、弹药和粮食方面发挥了重要作用。区舰队的舰艇经常在德军炮兵和航空兵的袭击下渡过伏尔加河，把数万名战士和数万吨物资送到斯大林格勒。区舰队的渡河拖船、渡轮和装甲艇，在保卫斯大林格勒市期间，共完成约3.5万次航行。

9月中旬至10月4日，苏军先后在城北以及城南湖泊之间阵地发起反攻，迫使德军不断从突击斯大林格勒的部队抽调兵力应付苏军的这些突击。

为减轻德军对斯大林格勒市区的压力，苏军顿河方面军突击队于10月19日从斯大林格勒以北转入进攻。

10月25日，第六十四集团军也从南边对德军翼侧实施反突击。这一系列攻势行动有效地改善了第六十二集团军的困难处境。

朱可夫元帅在其回忆录中指出：

斯大林格勒以北苏军地面部队和航空兵的作战行动，对第六十二、第六十四集团军固守斯大林格勒给予了不可估量的帮助。

至1942年11月18日，斯大林格勒会战的防御阶段共持续4个月。德军先后调来50多个师的兵力，但始终未能实现其战略企图。

德军在夺取斯大林格勒的作战中遭受巨大损失，死伤近70万人，损失火炮2000多门、坦克1000多辆、战斗机和运输机1400多架。德军完全被苏军钳制在斯大林格勒城下，陷入被苏军半包围的态势。

在这种形势下，苏军已悄悄地完成大反攻的准备。

苏军最高统帅部规定了1942年底至1943年初的战略任务：彻底改变苏德战争进程，解放南方重要工农业地区，粉碎德军对列宁格勒的封锁，稳定莫斯科——斯摩棱斯克方向。

鉴于德军并未耗尽其全部进攻力量，苏军最高统帅部决定逐次消灭德军集团，首先消灭伏尔加河与顿河之间的德军重兵集团，进而击溃德军在南翼的全部军队。

苏军大本营和总参谋部从1942年9月起即开始拟制由3个方面军实施的围歼斯大林格勒地域德军的反攻计划。

11月13日，苏军统帅部批准代号为"飓风"的反攻计划。计划总企图是，利用苏军对德军第六集团军和第四装甲集团军所形成的有利包围态势，以3个方面军对德军两翼实施突击，合围德军，然后消灭伏尔加河与顿河之间的德军主力。

截至反攻开始前，苏军在斯大林格勒方向共展开3个方面军：即西南方面军、斯大林格勒方面军和顿河方面军，总兵力达110余万人，火炮和1.5万门，坦克1500辆，作战飞机1300余架。

转入反攻的日期规定为：西南方面军和顿河方面军11月19日，斯大林格勒方面军11月20日。这是因为，各方面军突击集团必须同时抵达卡拉奇和苏维埃茨基地域。西南方面军的突击集团应在3昼夜内向前推进110千米至140千米，斯大林格勒方面军应在两昼夜内向前推进90千米。

为了牵制苏德战场其他地段的德军，使德军不能在苏军反攻期间向斯大林格勒方向调遣兵力，苏军最高统帅部决定于11月下半月和12月，以加里宁方面军部分兵力在大卢基方向展开进攻，以西方面军的军队在加里宁方面军部队协同下，对尔热夫和维亚兹马的德军实施突击，以外高加索方面军的军队向莫兹多克方向进攻。

11月19日拂晓，在持续80分钟的炮火准备后，苏军西南方面军以及顿河方面军右翼部队开始突击，揭开了反攻的序幕。苏军主要突击首先指向战斗

力较弱的罗马尼亚第三集团军。

在苏军第五坦克集团军和第二十一集团军突破罗马尼亚军队防御后，配置在罗军后方的德军企图以强大的反突击阻止苏军前进，但被苏军粉碎。在达成对罗马尼亚第三集团军的突破后，苏军即快速向纵深推进。

至日终时，进入突破口的苏军各部队已向德军纵深推进30千米至35千米，并继续向卡拉奇推进。

作战第一天，苏军顿河方面军只有第六十五集团军参战。该集团军切断了德军从顿河小弯曲部向西的退路，楔入德军防御纵深三五公里。

11月20日，斯大林格勒方面军第五十一、第五十七集团军以及第六十四

一名士兵在向母亲告别

集团军左翼部队在斯大林格勒以南转入反攻，当日突破德军防御。第五十一集团军的第四机械化军，于11月22日前出到苏维埃茨基。

23日，该机械化军与西南方面军第四坦克军在卡拉奇和苏维埃茨基会合，合围了斯大林格勒附近德军集团的基本兵力，共计22个师，约33万人。苏军很快构成了绵亘的合围对内正面。西南方面军所属第五坦克集团军第二十六坦克军和第二十一集团军的第四坦克军，攻占了顿河东岸重要支撑点卡拉奇。

11月24日，顿河方面军和斯大林格勒方面军向被围在斯大林格勒附近的德军集团展开进攻。西南方面军围歼了被围在拉斯波品斯卡亚地域的罗马尼亚集团。

为加强合围对外正面上的兵力，苏军开始调整部署。

从11月24日至30日，苏军航空兵在斯大林格勒地域共出动飞机5760余架次，平均每昼夜824架次，比德军出动架次多4倍，并取得了制空权。

至11月30日日终前，德军被压缩在方圆不到1500平方千米的地域内。在此期间，苏军西南方面军和斯大林格勒方面军成功地击退了德军新建的"霍利德"战役集群的突击，并沿克里瓦亚河、奇尔河、顿河、科捷尔尼科沃以北之线组成了宽达500余千米的合围的对外正面。

苏军统帅部企图于12月初即对被围德军进行割裂、歼灭，由于准备不够充分，加之德军收缩了战斗队形，并利用了苏军1942年夏季构筑的工事，两个方面军围歼德军的企图没有成功。因此，苏军最高统帅部命令合围对内正面的苏军暂停进攻，着手进行进一步的周密准备。

德军统帅部为解救其被围集团和恢复斯大林格勒附近的原有态势，决定在科捷尔尼科沃和托尔莫辛地域集结新锐部队，并向斯大林格勒实施突击，突破苏军合围的对外正面，解救其第六集团军和第四坦克集团军，然后恢复顿河防线。

为此，德军统帅部于11月初将在合围圈对外正面作战的德军改编为顿河集团军群，并从德、法和苏德战场其他方向抽调部队加强该集群。

顿河集团军群下辖"霍利德"战役集群、罗马尼亚第三集团军残部、"霍特"战役集群。被围在斯大林格勒附近的德军第六集团军名义上也归顿河集团军群指挥，但实际上由希特勒直接控制。顿河集团军群司令部是在德中央集团军群第十一集团军司令部基础上建立的。

顿河集团军群在韦慎斯卡亚至马内奇河的600千米战线上共展开30个师，其中有6个装甲师和1个机械化师。这些部队严重缺员，战斗力很差。

苏军攻占卡拉奇以后，切断了德军向斯大林格勒地域被围部队运送补给的主要通路，德军第六集团军唯有依赖空运勉强维持。但希特勒仍下令第六集团军死守斯大林格勒，不得撤退。

在希特勒的严令下，德军计划从托尔莫辛地域和科捷尔尼科沃地域这两个方向对苏军实施突击，但由于缺少足够的预备队同时组建两个突击集团，以及苏军在合围对外正面的积极作战，德军无法实现这一意图。

于是，12月12日，德军"霍特"集群不待托尔莫辛突击集团集结完毕，就沿科捷尔尼科沃通往斯大林格勒的铁路转入进攻，突击沿140千米正面上防守的苏军第五十一集团军，企图解救被围困在斯大林格勒附近的德军集团。前两天的进攻，德军在一个狭小地段上突破苏军防御，并楔入纵深40千米。

苏军最高统帅部决定，斯大林格勒方面军先实施防御，粉碎德军增援，然后再歼灭被围之敌。

斯大林格勒方面军迅速将兵力、兵器从合围的对内正面向合围的对外正面机动，以第五十七集团军第十三坦克军以及方面军预备队的1个步兵师和1个坦克旅加强第五十一集团军，又将统帅部预备队第五突击集团军的3个步兵师调至梅什科瓦河北岸设防。

苏军积极而顽强的防御，消耗了德军科捷尔尼科沃集团，并将其阻止在梅什科瓦河畔。

为迅速消灭德军科捷尔尼科沃集团，苏军最高统帅部从预备队中抽调近卫第二集团军，配属给斯大林格勒方面军。

12月19日，德军增调1个装甲师后再度发起攻击。23日前，德军第四装

甲集团军的第五十七装甲军进抵梅什科瓦河，一度与被围德军集团相距不到40千米。德军在进攻中付出了沉重代价。

12月24日，斯大林格勒方面军转入反攻。

计划规定：

近卫第二集团军向科捷尔尼科沃实施主要突击，第五十一集团军以其右翼从斯大林格勒——科捷尔尼科沃铁路实施突击，第五突击集团军沿顿河西岸向南实施突击。

12月29日，苏军攻占科捷尔尼科沃，德军向西和西南方向退却。至12

⬇ 开往前线的坦克

月底，苏军歼灭了罗马尼亚第四集团军，并重创德军第四装甲集团军的第五十七装甲军，将德军击退到距斯大林格勒200千米远的集莫尼基地域。

这次作战的成功，粉碎了德军科捷尔尼尔科沃集团解救被围德军的计划，也为而后向罗斯托夫方面发展进攻创造了有利条件。

另外，苏军在托尔莫辛方向也采取了积极行动。

西南方面军12月初的原计划是在顿河中游实施进攻战役，并向米列罗沃、罗斯托夫方向发展进攻。

根据德军12月12日从科捷尔尼科沃地域发起进攻等新的情况，苏军最高统帅部对原计划做了一些修改，于13日决定：

西南方面军放弃向罗斯托夫的深远突击，从上马蒙地区不再向南，而改向东南，向下阿斯塔霍夫方向实施主要突击，以歼灭德军顿河集团军群。当前任务是以近卫第一、第三集团军围歼意大利第八集团军和"霍利德"战役集群的部队，然后进攻莫罗佐夫斯克。

沃罗涅日方面军的第六集团军从西面保障西南方面军突击集团的进攻，为此，应从上马蒙以西地域向坎捷米罗夫卡总方向实施突击。

12月16日拂晓，西南方面军和沃罗涅日方面军突击集团同时发起进攻。为尽快突破德军防御，苏军近卫第一集团军和第六集团军所属各坦克部队第一天即全部投入了战斗。

17日，近卫第三集团军的机械化军也投入战斗。经3天激战，苏军在5个方向上突破了德军防御，德军200千米的防御正面被分割成4个孤立的地段。

在苏军从后方和翼侧的突击下，意军和德军向南方和西南方向退却。苏军近卫第一集团军和第六集团军所属各坦克军，以及近卫第三集团军的一个机械化军，一面歼灭德军退却纵队和后方机关，一面迅猛向南和东南发展进

攻。

12月24日，苏军近卫第一集团军坦克第二十四军出敌不意地楔入塔钦斯卡亚，夺占了德军向斯大林格勒实施空运的机场，以及300余架军用飞机和后勤仓库。

这一举措，使德军失去了空运补给基地，同时也切断了德军运送补给和部队的唯一铁路交通线。

21日至24日，苏军突击集团各部队协同作战，在麦什科夫斯基卡亚地域合围并歼灭意大利第八集团军主力。

12月底，西南方面军已推进100至200千米，抵达新卡利特瓦、马尔科夫卡、米列罗沃、伊林卡、莫罗佐夫斯克、奥勃利夫斯卡亚一线，并在此设防固守。

至此，德军托尔莫辛集团基本被歼。苏军西南方面军和沃罗涅日方面军的任务遂告完成。

此次胜利，不仅粉碎了德军从顿河中游解救被围在斯大林格勒附近德军集团的企图，也削弱了德军从科捷尔尼科沃方向对斯大林格勒方面军的压力，并为苏军然后向伏罗希洛夫格勒和沃罗涅日实施进攻创造了有利条件。

至1943年1月初，斯大林格勒地区的合围对外正面已向前推移200千米至250千米，被围德军人数已从33万减员至25万，近8万人已在战斗中被歼或被俘。

被围德军所占地区受到苏军炮火控制。弹药、油料和粮食储备已消耗殆尽。苏军航空兵还对合围地域进行了空中封锁，粉碎了德军向被围部队空投补给的企图。

被围德军的覆灭已成定局。

早在1942年12月底，苏军最高统帅部就制定了歼灭德军第六集团军的进攻作战计划，代号为"指环"，由得到加强的苏军顿河方面军负责实施。

1943年1月8日，苏军向被围德军发出最后通牒，敦促其停止抵抗，缴械投降，遭到德军拒绝。

1月10日拂晓，顿河方面军经炮火准备后发起进攻。尽管德军进行了顽强抵抗，方面军突击集团仍于日终前在许多地段突破德军防御，向纵深推进6至7千米。

在发展进攻过程中，苏军于1月12日夺取了马里诺夫卡突出部，消灭该地德军近3个师。

1月25日，苏军楔入斯大林格勒西郊。1月26日日终，分别由东西两个方向进攻的苏军第二十六集团军和第二十一集团军在红色十月新村、马马耶夫岗地域会师，将德军分割成南、北两个部分。德军南部集群被压缩在市中心，北部集群被压缩在拖拉机工厂和"街垒"工厂区。

1月27至31日，苏军对德军南、北两个集群实施了突击。德军战斗力已急剧降低，开始大批投降。

1月31日，德军南部集群停止抵抗，刚被希特勒提升为元帅的德军第六

士兵冒着炮火出击

集团军司令保卢斯及其参谋长被俘。

2月2日，在苏军炮火猛烈袭击下，德军北部集群也被迫停止抵抗。苏军顿河方面军最终完成了歼灭斯大林格勒被围德军集团的任务，斯大林格勒会战至此全部结束。

在"指环"战役中，苏军顿河方面军各部队共俘敌9.1万余人，其中包括保卢斯陆军元帅在内的2500余名军官和24名将军。在各战场则收集了约14万具被击毙德军官兵尸体。

在斯大林格勒反攻作战过程中，苏军消灭了德军第六集团军、第四装甲集团军、罗马尼亚第三、第四集团军和意大利第八集团军。

德军一方共损失32个师和3个旅，另有16个师遭重创，损失人员80余万、坦克近2000辆、火炮1万余门、作战和运输飞机3000多架，以及汽车7万多辆。苏军把德军从伏尔加河和顿河打退几百千米。

在斯大林格勒会战中，苏联军民充分表现了大无畏的英勇气概，进行了艰苦卓绝的顽强作战，计损失113万人，终于取得了辉煌的胜利。

德军在整个会战中，总共损失150万人，占其当时在苏德战场作战总兵力的1/4。德国由于斯大林格勒会战的惨败，宣布致哀3天。

斯大林格勒会战结束后，从南到北的苏军各个方向的反击作战也频频告捷：列宁格勒、顿河流域、北高加索等地的德军先后败退。

斯大林格勒会战的胜利，大大提高了苏联的国际地位，巩固和扩大了国际反法西斯统一战线，进一步坚定了世界人民共同打败法西斯集团的信心，掀起了世界反法西斯斗争的新高潮。

1942年至1943年，苏联同澳大利亚、古巴、埃及、哥伦比亚、埃塞俄比亚等许多国家建立了外交关系，还同卢森堡、墨西哥和乌拉圭先后恢复了外交关系。会战的胜利，促进了在反法西斯同盟国团结合作道路上具有重要意义的苏美英三国首脑第一次会议——德黑兰会议的召开。

苏军发动
一九四二年冬季攻势

苏军统帅部根据此时的形势，提出了1942年底至1943年初实施冬季战局的战略企图，即：在从拉多加湖到大高加索山麓的广阔正面上依次实施一系列进攻战役，击败德军强大集团，夺取战略主动权，取得卫国战争的决定性转折。

斯大林格勒的反攻则被放在头等重要的地位。

根据苏军最高统帅部的战略企图，苏军应首先消灭伏尔加河与顿河之间的德军集团，然后在北高加索、顿河上游和列宁格勒实施突击。

为牵制敌人，使其无法调动兵力，还计划在大卢基、尔热夫和维亚兹马等地域实施进攻战役。一旦顺利完成上述任务，即在库尔斯克方向、哈尔科夫方向和顿巴斯发展战略进攻。

苏军把主要突击方向放在西南战略方向并把基本力量集中在这一地区，是出于多种考虑。

一是这里聚集着德军兵力最强、威胁最大的集团，粉碎这一集团，就能使苏军重新夺取战略主动权，并为其他战略方向发起进攻创造有利条件。

二是解放重要的经济区将增加苏联的物质和人力资源，解除德军对巴库的威胁。

三是斯大林格勒方向是德军战略防御的弱点，德军基本兵团都已投入攻城作战，在翼侧仅部署有战斗力不强的罗马尼亚和意大利军队。此外，在西南方向向罗斯托夫和塔甘罗格展开进攻，能分割敌A集团军群，从而使顿河中游敌军翼侧暴露。

在苏德战场南翼，德军在斯大林格勒附近和北高加索作战的突击集团还没有来得及建立强固的防御，而且是分散在从沃罗涅日到厄利斯塔和从莫兹多克到诺沃罗西斯克的广阔正面上。

因此，苏军最高统帅部决定：

作战第一阶段，在斯大林格勒——罗斯托夫方向集中重兵，投入坚决的反攻，合围并歼灭斯大林格勒地域的德军主要集团；然后，将增调的预备队投入交战以扩大战略反攻正面，击溃顿河中游的德军，并向卡缅斯克——沙赫亭斯基、罗斯托夫总方向实施突击，切断北高加索敌军庞大集团撤向顿巴斯的退路，进而击溃德军在苏德战场南翼的全部军队。

同时决定：

首先把兵力集中在伏尔加河与顿河之间，实施当前作战的主要战役斯大林格勒——罗斯托夫方向的进攻战役，斯大林格勒附近的反攻则是当前作战的最重要的战役。

在展开斯大林格勒方向反攻准备工作的同时，苏军其他方向的方面军也受命做好进攻准备：

列宁格勒方面军和沃尔霍夫方面军要做好突破德军对列宁格勒围困的准备；

西北方面军、加里宁方面军和西方面军应于1942年10至11月在莫斯科方向共同实施进攻战役，以击溃尔热夫地域和诺沃索科耳尼基地域的德军；

外高加索方面军固守占领地区，其北方集群应于11月初完成进攻准备，准备击败德军莫兹多克集团。

由于一年半的战争消耗损失，战时生产走上轨道不久，而且战线太长，不能在短期内在斯大林格勒方向集中很多兵力，因而苏军进攻的兵力优势并不很大。

冬季战局是从斯大林格勒方面军、顿河方面军和西南方面军在斯大林格勒方向的反攻开始的，结果歼灭德军重兵集团约33万人。

为扩大斯大林格勒反攻的胜利，苏军最高统帅部决定展开战略总攻。进攻主要方向仍选在西南战略方向，目的是击溃德军B、顿河、A集团军群，解放第聂伯河东岸乌克兰地区。同时，在正西方向上对德中央集团军和在西北方向上对杰米扬斯克突出部的德军展开进攻。

从1943年1月开始，在苏军顿河方面军围歼德军第六集团军的同时，苏军布良斯克方面军、沃罗涅日方面军、西南方面军、南方面军、外高加索方面军等也相继展开进攻。

苏军在斯大林格勒附近实施反攻时，苏军外高加索方面军也在那尔契克、莫兹多克和土阿朴谢方向对德军进行了多次反突击，牵制了德军A集团军群的兵力，有力地支援了苏军在斯大林格勒方向的作战。

1942年年底，高加索战场主动权已转入苏军手中。至1943年1月1日，北高加索德军已没有战役预备队。

斯大林格勒附近苏军的反攻，为高加索苏军造成了合围德军集团的有利形势。因此，德军统帅部从1943年1月1日起，就仓促将其第一装甲集团军沿北高加索铁路向西北撤退。

1月5日，又开始撤退其在高加索山脉一带的军队。德军对受威胁最大的克拉斯诺达尔方向，也采取了一系列加强防御的措施。

苏军歼灭德军北高加索集团的总企图是：以两个方面军的部队从东北、南面和西南实施协调一致的突击，分割并歼灭德军A集团军群主力，不让其撤出北高加索，解放顿河、库班和捷列克等工业区和农业区。为实现总企图，苏军的具体部署如下：

南方面军以右翼第五突击集团军和近卫第二集团军实施主要突击，沿顿

河下游进入罗斯托夫地域，以切断德军整个北高加索集团北撤退路。

为了合围德军A集团军群的基本兵力，计划实施两个突击：一个是以外高加索方面军黑海集群左翼部队向克拉斯诺达尔、季霍列茨克方向实施；另一个是以南方面军左翼各集团军向萨尔斯克、季霍烈茨克方向实施。然后，这两支部队向罗斯托夫发展突击。

此外，黑海集群还向诺沃罗西斯克进攻，消灭德军第十七集团军右翼诸兵团，攻占塔曼半岛。外高加索方面军的北方集群右翼应向莫兹多克、阿尔马维尔进攻，阻止德军第一装甲集团军各兵团有组织地撤退。

西南方面军左翼拟向伏罗希洛夫格勒方向突击，保障南方面军右翼各部队向罗斯托夫方向的突击。

1月1日，苏军北方集群在斯达夫罗波尔方向开始追击德军。此前，德军已将其第二装甲集团军向西北撤退。

1月3日，北方集群收复莫兹多克，5日，收复普洛赫拉得内依，8日，前出到库马河、马尔卡河和绕尔克河沿岸。10日，北方集群突破德军沿这几条河流建立的中间防御地区，并继续向前追击。11日，收复囤积有大量物资的矿水城车站，同时解放了吉斯洛沃得斯克和彼阿提哥斯克。21日，收复斯达夫罗波尔边区首府斯达夫罗波尔。24日，前出到普利弗尔诺耶、阿马维尔、苏维特一线。同一日，北方集群根据苏军最高统帅部的决定，改编为北高加索方面军。

黑海集群于1月11日在个别方向上发起进攻，其主要突击集团则于1月16日拂晓在克拉斯诺达尔方向发起进攻。至1月22日，黑海集群各部队向北推进了20千米，于2月1日前出到法秀林斯卡姬至道赫塔姆卡依的库班河沿岸一线。黑海集群的进攻是在极其困难的条件下进行的，恶劣的天气和复杂的山地，给后勤补给和航空兵支援造成很大困难。集结在克拉斯诺达尔方向的德军部队又是德军的主力。这一切使苏军前进异常迟缓。直至2月12日，黑海集群各部队才解放克拉斯诺达尔边区首府克拉斯诺达尔。

接着，苏军北高加索方面军以及外高加索方面军的黑海集群，发起了合

围并消灭德军集结在库班河附近集团的战役。由于德军的顽强抵抗，苏军未能歼灭德军集团，但将其压缩至塔曼半岛，至1943年秋季才将其驱走。

苏军南方面军于1月1日开始实施罗斯托夫进攻战役，所属部队向罗斯托夫和萨尔斯克方向转入进攻。2月6日，解放了巴达依斯克，2月14日，解放罗斯托夫。

在进攻过程中，苏军重创德军。1至4月，前进160至600千米，解放了北高加索、罗斯托夫州一部、库班全境、乌克兰一部，前出到亚速海，然而未能合围北高加索德军集团。

德军统帅部将其第一装甲集团军5个师经罗斯托夫撤至顿巴斯，而A集团军群主力则于6月初撤至库班河下游地区和塔曼半岛固守。6月初，北高加索方面军根据苏军最高统帅部大本营命令转入防御，并开始为拔除德军塔曼登陆场准备最后一战。

苏军高加索会战的防御阶段以及反攻阶段前期，是与斯大林格勒会战同时进行的。两个会战互相配合，互相影响。高加索防御战牵制了德军兵力。而斯大林格勒附近苏军转入反攻，又为高加索方向的苏军造成了合围德军集团的有利态势。

在实施解放北高加索各次战役的同时，苏军还向库尔斯克和哈尔科夫方向以及在顿巴斯展开了进攻。

进攻于1943年1月中旬开始，由沃罗涅日方面军，在西南方面军和布良斯克方面军两个方面军部分兵力配合下，对德军B集团军群主力沃罗涅日集团先后实施了奥斯特罗戈日斯克——罗索什战役和沃罗涅日——卡斯托尔诺耶战役，旨在歼灭德军B集团军群主力。

奥斯特罗戈日斯克——罗索什战役于1月13日发起，沃罗涅日方面军所属部队向罗索什和奥斯特罗戈日斯克实施相向突击，18日日终前在伊洛斯夫科耶、阿列克谢耶夫卡地域合围了奥斯特罗戈日斯克——罗索什集团。

至24日，被围集团大部被歼。至27日，完全歼灭冲出合围圈逃到瓦卢伊基以东的罗索什集团残部。

此役，苏军在德军防御上打开一个宽250千米的缺口，向纵深推进了140千米，从敌军手中解放约2.2万多平方千米土地，包括奥斯特罗戈日斯克、罗索什、科洛特亚克、阿列克谢耶夫卡、瓦卢伊等城市和铁路枢纽。击溃敌军15个师，重创6个师，俘敌8.6万余名。

由于在敌防线上打开一个大的缺口，因而为实施沃罗涅日—卡斯托尔诺耶战役和向哈尔科夫方向进攻创造了条件。

沃罗涅日——卡斯托尔诺耶战役由沃罗涅日方面军会同布良斯克方面军左翼部队，于1月24日至2月2日实施。

1月24日，苏军第四十集团军所属第四坦克军首先发起进攻，于次日日终前楔入敌防御纵深20至25千米，对沃罗涅日德军造成合围威胁。德军统帅部开始将军队撤向顿河对岸。

25日，苏军第六十集团军在追击敌人过程中解放了沃罗涅日。第三十八集团军和第十三集团军也先后于25日和26日转入进攻，向卡斯托尔诺耶总方向实施突击。

1月28日，苏军各部队突击集团会合于卡斯托诺耶地域，切断敌军集团西撤主要道路。与此同时，苏军第十三、第四十集团军一部顺利西进，构成合围对外正面。

↻ 士兵在战场上追击敌人

德军第二集团军基本兵力和匈牙利第三军在卡斯托尔诺耶东南地域陷入合围。

1月29日，沃罗涅日方面军开始歼灭被围德军。任务最初由第三十八集团军以及第四十集团军部分兵力实施。沃罗涅日方面军主力和布良斯克方面军左翼，则奉命开往提姆河和奥斯科耳河地区，以便向库尔斯克和哈尔科夫方向实施新的进攻。

2月2日，布良斯克方面军和沃罗涅日方面军开到指定地区。至此，沃罗涅日——卡斯托尔诺耶战役实际上已经结束。

由于苏军对德军估计不足，用于歼灭被围集团的兵力不够，无法构成绵亘的合围对内正面，加之没有组织好参加歼灭被围之敌的部队之间的协同，肃清被围集团战斗一直拖延至2月17日。

经多次激战，被围集团损失惨重，但部分兵力得以突围西逃。通过此役，苏军夺取了沃罗涅日突出部，解放了沃罗涅日州大部和库尔斯克州一部，粉碎了德军第二集团军主力和匈牙利第二集团军第三军，为向库尔斯克和哈尔科夫两个方向发展进攻创造了条件。

由于苏军在北高加索、顿河上游和列宁格勒等地的进攻战役取得胜利，苏军战略进攻的正面显著扩大。德军在苏德战场南翼的防线被摧毁达2000千米，即从利夫内直至大高加索山山麓。

苏军在西方方向推进约300千米，在北高加索推进达700千米。苏军顿河方面军此时已粉碎斯大林格勒地域被围德军集团，可以腾出手来在新的方向

发展总攻。

1943年2月5日，顿河方面军改名为中央方面军，并将一部兵力调往库尔斯克地域。

1943年2月初，苏德战场上已经出现有利于苏军在宽大正面上展开进攻的条件，西南方向的情况则更为有利，德军在那里的防线已被摧毁。

因此，苏军最高统帅部决定，于2月初在苏德战场的整个西南方向继续采取攻势，以便解放第聂伯河左岸乌克兰地区；同时计划在正西方向对德军中央集团军群和在西北方向对杰米扬斯克德军集团实施进攻，以便向北扩大苏军进攻正面。

在西南战略方向，苏军在库尔斯克、哈尔科夫、顿巴斯、罗斯托夫和克拉斯诺达尔等方向同时展开进攻。参加进攻的有布良斯克方面军左翼部队、沃罗涅日方面军、西南方面军、南方面军、北高加索方面军和黑海舰队。其中大多数兵团在过去一两个月期间连续实施进攻作战，人员和技术装备缺额很大。

苏军沃罗涅日方面军以及西南方面军右翼部分兵力的任务，是解放哈尔科夫工业区。沃罗涅日方面军左翼部队应从旧奥斯科耳、瓦卢伊基地域沿向心方向对哈尔科夫实施主要突击。正在库尔斯克方向作战的布良斯克方面军第十七集团军和沃罗涅日方面军第六十集团军，则分别向马汉阿尔汉格尔斯克和库尔斯克两个方向发展进攻，从北面保障沃罗涅日方面军主力对哈尔科夫方向的突击。沃罗涅日方面军在收复库尔斯克、别尔哥罗德和哈尔科夫以后，进一步向西发展进攻。

苏军西南方面军和南方面军的任务，是歼灭德军顿河集团军群和解放顿巴斯。

战役计划规定：西南方面军主力负责切断德军顿巴斯集团向西的退路，然后会同在伏罗希洛夫格勒方向进攻的方面军左翼各集团军以及南方面军将顿巴斯集团歼灭；南方面军应首先完成粉碎德军罗斯托夫集团的任务，然后沿亚速海北岸向西发展进攻，与西南方面军部队协同作战，消灭德军顿巴斯

集团并解放顿巴斯东南部地区。

苏军统帅部决定：

> 在苏德战场南翼实施大纵深作战的同时，在西方方向对德军中央集团军群也实施几次进攻战役。在西北方向清除德军杰米扬斯克突出部并扩大列宁格勒与内地相通的走廊。

在此期间，德军统帅部也在采取紧急措施在苏德战场南翼建立强大突击集团，力图改善德军在苏德战场南翼的态势，阻止苏军继续向西推进，并企图重新夺回战略主动权。

1943年1月，德军统帅部为加强苏德战场南方集团，从西线调来6个师和两个步兵旅，并把从高加索撤退下来的第一装甲集团军加强给顿河集团军群。此外，还决定通过缩短战线从杰米扬斯克和尔热夫两地域抽调部分兵力，组建新的预备队。2月上旬，仅从尔热夫——维亚兹马突出部就抽调了7个师。

苏军在南翼的进攻，未经间歇即在库尔斯克、哈尔科夫和顿巴斯等几个方向同时展开。

沃罗涅日方面军于2月2日至3日转入进攻，在两个方向作战。第四十、第六十九集团军和近卫第五坦克军计划前出到哈尔科夫以北地域，并从西北迂回该城。

第三坦克集团军和近卫第六骑兵军则实施机动，从南面绕过该城。右翼第六十集团军与布良斯克方面军第十三集团军协同动作，在库尔斯克——利哥夫方向进攻。

在获悉德军企图向库尔斯克地域调遣预备队后，苏军第六十集团军决定加速解放该城，以两个突击集团从南、北两面迂回库尔斯克。

2月8日晨，苏军收复库尔斯克，并继续向西面的利哥夫发展进攻。

沃罗涅日方面军主力第四十、第六十九集团军和第三坦克集团军，在

哈尔科夫方向的作战行动也很顺利。它们粉碎德军在奥斯科尔河地区的抵抗后，向哈尔科夫迅猛推进，但越接近城市，遭到的抵抗越激烈，德军将预备队投入了交战。

2月9日，苏军第四十集团军主力解放了别尔哥罗德。10日，第四十集团军所属各兵团已进抵广阔的战役地区，前出到距哈尔科夫城北55千米处。这对沃罗涅日方面军左翼部队行动非常有利。

为免遭包围，德军哈尔科夫地域的部队开始从北顿涅茨河一线撤至哈尔科夫。

2月15日，苏军从三个方向同时向哈尔科夫城突击，激烈巷战持续一个昼夜。苏军于16日中午肃清哈尔科夫的德军，收复哈尔科夫。

在向库尔斯克和哈尔科夫两个方向发展进攻的同时，苏军以西南方面军为主，进行了解放顿巴斯的战役。为完成任务，西南方面军专门成立了主要由第六集团军、近卫第一集团军和波波夫将军的快速集群组成的突击集团。

1月29日，苏军西南方面军第六集团军率先向巴拉克列亚总方向发起进攻。翌日，方面军其他部队也先后投入战斗。

最初，苏军西南方面军进攻发展十分迅速。第六集团军占领巴拉克列亚和伊久姆两城市后，至2月19日，已推进140至180千米。

进入克拉斯诺格勒郊区。近卫第一集团军在第六集团军左侧行动，于2月11日攻占洛佐瓦亚车站。快速集结的近卫第四军，进抵克腊斯诺阿尔美伊斯科耶地域。

2月9日，德军开始撤离北顿涅茨河下游和顿河地区。德军从北顿涅茨河下游撤到米乌河，并把装甲师和机械化师从罗斯托夫地域调到克腊斯诺阿尔美伊斯科耶。

苏军西南方面军司令员获悉与其右翼对峙的德军各装甲部队正在转移的情报后，错误地认为德军顿巴斯集团很快将放弃顿巴斯，向第聂伯河对岸撤退，并将错误的判断报告苏军最高统帅部，同时通知沃罗涅日方面军司令员。

　　沃罗涅日方面军司令员发现，德军党卫坦克军从哈尔科夫地域向克拉斯诺格勒方向撤退，也误认为德军将从沃罗涅日方面军地带内撤向波尔塔瓦。

　　西南方面军司令请求大本营批准方面军"倾全力发起神速的进攻，以彻底粉碎北顿涅茨河与第聂伯河之间的敌人，并在春季的泥泞开始之前前出到第聂伯河。"

　　苏军最高统帅部也犯了西南方面军和沃罗涅日方面军同样的错误，没有料到德军能发起进攻战役，不仅同意两位司令员关于发展下一步进攻的建议，甚至还扩大了两个方面军的计划。

　　结果，西南方面军根据错误的判断，决定全线发展进攻，先赶到第聂伯河，并特别强调部队务必推进至第聂伯河弯曲部，攻占第聂伯罗彼得罗夫斯克和扎波罗日耶渡口。方面军各部队不断向西方和西南方向边战斗，边前进，逐日扩大进攻正面宽度，在敌人反攻开始时，宽度已达400多千米。

　　2月18日，西南方面军所属部队抵达第聂伯罗彼得罗夫斯克和扎波罗日耶附近。

　　当西南方面军开始遂行所受领的任务时，参加顿巴斯战役的南方面军也开始追击退却的德军。苏军从冰面上渡过顿河，于2月14日解放罗斯托夫和诺沃切尔卡斯克。

　　17日，南方面军追击德军，进抵米乌斯河。德军利用预先构筑的阵地迅速组织了强固防御。南方面军几次试图突破德军防御均未成功。

　　2月上半月，沃罗涅日方面军、西南方面军和南方面军的部队在800多千米宽的地带内发起进攻，向前推进150至300千米，解放了库尔斯克、哈尔科夫、别尔哥罗德、罗斯托夫等城市，并使德军遭受较大损失。

　　正当苏军准备实现自己的企图时，德军统帅部已于2月中旬完成兵力集中和对苏军西南方面军和沃罗涅日方面军实施反攻的准备。

　　德军统帅部取消了在一、二月的作战中遭到严重损失的B集团军群和顿河集团军群的建制，以其残部为基础，补充人员和武器，建立了新的南方集团军群，组建了拥有800多辆坦克的突击集团。

在苏军西南方面军当面，德军在兵力上拥有一倍的优势，坦克拥有6倍的优势，航空兵拥有两倍的优势。

2月19日，德军重新组建的南方集团军群转入反攻。在第聂伯罗彼得罗夫斯克以东和东北同苏军展开了遭遇战，最后以苏军受挫而告终。德军向哈尔科夫西南地区变更部署后，于3月4日对沃罗涅日方面军暴露的翼侧实施突击。

3月16日和18日，德军重新攻占哈尔科夫和别尔哥罗德。至3月底，德军将沃罗涅日方面军诸兵团击退到北顿涅茨地区。在这种形势下，苏军最高统帅部被迫全面修改计划，为击退德军反攻，从其他方向调来了两个集团军，从预备队抽调了3个诸兵种合成集团军和第一坦克集团军，派往哈尔科夫以东地域。

从3月20日至25日，德军企图往北奥博扬方向发展进攻。德军数次试图北进，突破苏军别尔哥罗德防线，未获成功，不得不于3月22日开始转入防御。

至3月25日，奥博扬方向的战线就在克腊斯诺波利耶、别尔哥罗德，再沿顿涅茨河岸直至楚古耶夫一线稳定下来。沃罗涅日方面军着手组织阵地防御，构成了所谓库尔斯克突出部的南部正面。

综上所述，苏军向第聂伯河实施深远突破后，在艰苦条件下抗击德军优势兵力的反突击，遭受了相当大的损失，但终于使战线沿北顿涅茨河以及在别尔哥罗德附近稳定下来，双方都没有达成预定目的。

对于苏德战场南翼德军反攻的结果，斯大林在1943年5月1日第一九五条命令中评价时指出：

德国人指望合围哈尔科夫地域的苏军，并为我军安排一个"德国的斯大林格勒"。但是，希特勒德军指挥部想报斯大林格勒一役之仇的企图破产了。

德军未能夺回战略主动权，也未能转入其反攻的第三阶段并围歼苏军重

兵集团于库尔斯克地域。

在西方战略方向，苏军的计划是：

> 以布良斯克方面军以及西方面军左翼部队，沿向心方向对奥廖尔和布良斯克实施突击，击溃德军奥廖尔集团。
>
> 待苏军中央方面军所属各集团军到达，即向斯摩棱斯克方向发展进攻，进至德军尔热夫——维亚兹马集团后方，并协同加里宁方面军和西方面军围歼德军中央集团军群的主力。

1943年2月6日，苏军各有关方面军接到准备进攻的训令。

德军统帅部为掩护其中央集团军群的右翼，不仅计划固守奥廖尔突出部，而且计划从这里向南对库尔斯克实施突击，接应第四装甲集团军，扩大德军在哈尔科夫地域内发起的进攻的正面。

为此，德军统帅部急忙由尔热夫——维亚兹马突出部和战场其他地段抽调兵力加强第二装甲集团军。

至2月12日，该集团军已得到调来的7个师，这些师大部在奥廖尔以南展开。

德军经过一年多的时间，在其正面大多数地段建立了组织完善、工事坚固的防御。

苏军西方方向和西北方向所属各集团军，因长期采取进攻行动，战斗能力已有所下降。西方方向各方面军投入战役时间先后不一，首先开始进攻的是布良斯克方面军。布良斯克方面军左翼部队进展缓慢，两周内仅向北和西北推进10至30千米。

至2月24日日终，前出到诺沃西耳、马洛阿尔汉格尔斯克和布良策沃一线。应从北面突击布良斯克的西方面军第十六集团军，至2月22日才发起进攻。在突破德军第一防御地带并推进13千米后，遇到德军由尔热夫调来的2个装甲师有组织的抵抗，无法继续推进。

西方面军和加里宁方面军主力直至3月初才转入进攻。这时，德军为腾出兵力投入奥廖尔地域，决定放弃尔热夫——维亚兹马突出部，实际上已开始从尔热夫——维亚兹马登陆场主动撤出自己的军队。

2月24日，苏军中央方面军基本集结完毕，并在库尔斯克以西和西北展开。因此，苏军最高统帅部将原先计划由布良斯克方面军担负的进攻布良斯克的任务转交给中央方面军实施。布良斯克方面军奉命直接歼灭德军奥廖尔集团，解放奥廖尔。展开在布良斯克方面军和奥罗涅日方面军接合部的中央方面军，从2月26日开始，以主力向布良斯克总方向，以骑兵、步兵集群向谢夫斯克和斯塔罗杜布总方向发起进攻。

由于遇到兵力不断增强的德军有组织的抵抗，苏军主力进展缓慢。德军统帅部因苏军中央方面军骑兵、步兵集群前出到杰斯纳河而深感不安，急忙从预备队中抽调9个师的兵力进行阻击。骑兵、步兵集群在遭到德军南北夹击的情况下，被迫退至谢夫斯克地域，沿谢夫河设防固守。

从3月21日起，苏军中央方面军在姆岭斯克、诺沃西耳、布良策沃、谢夫斯克和雷耳斯克一线转入防御，构成了库尔斯克突出部的北部正面。

由于苏德战场南翼苏军情况已开始恶化、德军防御的巩固，以及德军从尔热夫——维亚兹马突出部迅速机动大量兵力进行反击，苏军在西方方向的进攻未能奏效。但这一方向的行动，却粉碎了德军从奥廖尔突击库尔斯克、接应德军第四装甲集团军和扩大进攻正面的企图。

在西北方向，苏军统帅部打算使用列宁格勒方面军、沃尔霍夫方面军和西北方面军的部队，击溃德军北方集团军群。

1942年，德军曾多次从南面向列宁格勒进攻，但始终未能进一步楔入，被迫转入防御。苏军也多次发起进攻，企图打破封锁，也未达到目的。

苏联军民因长期遭受围困，直至1943年初生活和斗争条件仍十分艰难，"街道和广场不断遭到轰炸和炮击，人员时有伤亡，建筑物常受破坏。由于与内地的陆路交通断绝，工厂所需燃料和原料运输极为困难，军队和居民迫切需要的食品也得不到保证"。

苏军在南翼的大举进攻，牵制了德军的基本兵力和预备队，使德军统帅部无法加强其列宁格勒方向的军队集团。苏军统帅部决定利用这一有利形势，在列宁格勒附近实施进攻战役，以粉碎德军对列宁格勒的长期封锁。

1942年12月初，苏军最高统帅部命令沃尔霍夫方面军和列宁格勒方面军准备实施突破列宁格勒封锁的战役。

1943年初，德军第十八集团军共26个师从南面和东南面包围着列宁格勒，芬兰集团军以4个师以上的兵力，在卡累利阿地峡，从北面封锁列宁格勒。德军在什利谢利堡——锡尼亚维诺突出部，部署了密度很大的兵力，并在这一地区构筑了许多防御枢纽部和支撑点。

1943年1月12日晨，两个方面军同时发起进攻。苏军由于在突破地段集结了大量火炮和坦克，而且行动迅速，所以进攻第一天就在两个方向达成了突破。德军统帅部抽调预备队和其他方向的部队，力图恢复态势，但在苏军各集团军将第二梯队投入交战后，德军统帅部这一企图被粉碎。苏军冲破德军抵抗，继续向敌防御纵深发展进攻。1月14日日终，苏军两个方面军相隔已不到2000米。1月18日，沃尔霍夫方面军与列宁格勒方面军在锡尼亚维诺以北地域会师，从而在拉多加湖以南形成了一条宽8至11千米的走廊。通过这条走廊，列宁格勒军民便可以从陆路直接与内地联系。

至此，苏军终于突破了德军对列宁格勒的长期封锁。此后，苏军试图在锡尼亚维诺——姆加方向上继续进攻，但未获进展。

在战役进行过程中，苏军航空兵出动飞机9000余架次，积极配合两个方面军突击集团的进攻。红旗波罗的海舰队的舰炮提供了有效的火力支援，以火力破坏敌方防御工事，压制对方炮兵，共发射1.5万余枚炮弹。

苏军突破德军对列宁格勒的封锁具有重要的意义。从这时起，列宁格勒方向的作战主动权转到苏军手中。德军和芬兰军队在拉多加湖以东会合的威胁已经解除。突破封锁和恢复通向列宁格勒的铁路、公路交通以后，军民的粮食和武器弹药供应明显好转。列宁格勒的工业得到了开工生产所必需的原料和燃料。从2月起，市内发电量和工厂武器产量都明显增长。

此后，苏军西北方面军所属各部队，在不同的时间发起进攻。对德军杰米扬斯克集团的进攻由此开始。苏军主要突击集团此时尚未完成战役准备，2月下旬才发起进攻。这时，德军已用退下来的杰米扬斯克集团的部队加强了突出部的底部。2月21日，德军开始把部队撤离杰米扬斯克突出部。苏军追击后退德军，遭到有计划的抵抗。随着德军向洛瓦特河对岸撤退，其防守达17个月之久的所谓杰米扬斯克登陆场便不复存在。

1943年春季，在从芬兰湾至亚速海的广阔战场上，战事停顿下来，苏军暂时转入防御，但仍保持着主动权。

苏军在包括斯大林格勒反攻战役在内的1942年11月至1943年3月底的冬季战局中，取得了重大胜利。德军被歼灭100多个师，占其对苏作战全部兵力40％以上。德军共损失火炮2.4万门，坦克3500余辆、飞机4300架。

苏军将德军向西驱赶600至700千米，解放了德军1942年夏季侵占的全部地区。苏军的反攻大大改善了战略战役态势，为然后展开广泛的进攻战役创造了有利局面。

🔺 苏德战场上的俘虏

扭转战场局势的
库尔斯克会战

　　苏军在1942年底至1943年初的冬季进攻之后，于3月底暂时转入防御，但仍保持着战略主动权。

　　苏德战场出现了"平静的春季"，仅在库班继续进行着争夺制空权的激战。苏军要实现战争的根本转折，尚需做出巨大努力。

　　战争的进程和结局如何，在很大程度上取决于相对宁静的1943年春哪一方能更迅速地弥补损失，增强自己的军事实力，更好地做好下一步作战的准备。

　　在1943年4月至6月这段战略间歇，交战双方都用来制订新的战略决策和准备夏季的行动。

　　在苏德战场，苏军在包括斯大林格勒反攻作战在内的冬季进攻中，取得一系列胜利，进攻力量进一步增强。德、意军队1943年5月在北非的作战中败北。意大利已濒临被迫退出战争的前夕。大西洋交通线的斗争于春季取得有利于同盟国的转折。日本在太平洋已成强弩之末。反法西斯一方的军事力量迅速增长，整个大战的战略形势对反法西斯联盟十分有利。

　　德军在斯大林格勒会战和1942年底至1943年初苏军冬季攻势中的失败，以及在其他战场的不利形势，使德国内部情况更趋恶化。

　　为了改善德国的困境和防止法西斯集团崩溃，德军统帅部决定在苏德战场发动大规模夏季攻势，企图以重新夺取战略主动权，扭转不利的战争态势。进攻计划于3月初开始制订。

　　关于在苏德战场作战的战略方针和1943年夏的具体军事行动计划，在德

军武装部队东线与西线的将领之间，陆军总部与德军最高统帅部之间存在意见分歧。

但是，最终德军统帅部的计划是：

> 坚决削弱苏军将在夏季发动攻势的突击力量，然后向东方展开胜利的进攻，从苏军统帅部手中夺回战略主动权，力求战局发生对德军有利的转变。

德军统帅部考虑到其军队在库尔斯克突出部地域的有利态势，决定把库尔斯克突出部作为进攻出发地段。为准备在库尔斯克附近实施代号为"堡垒"的进攻战役，希特勒于1943年4月15日签署了第六号作战命令。

德军的进攻企图是：

> 从北面的奥廖尔和南面的别尔哥罗德向库尔斯克突出部根基部实施向心突击，围歼苏军中央方面军和沃罗涅日方面军，然后向东南方向，即苏军西南方面军的后方突击。
>
> 此后，预定向东北方向发展进攻，以图进至苏军中央方面军后方，威胁莫斯科，并计划重新向列宁格勒进攻。

对于德军统帅部来说，主要问题在于补充兵员和武器的损失，并建立相应的进攻集团。为了补充军队和组建新的兵团，德国不得不从1943年1月13日起实行总体动员，征召大量军工企业和交通运输部门的工人，以及老年男子和16至18岁的青年入伍。

新入伍的人员在后备军和正在整编或组建的师里经4至6个月的训练即被送往作战部队，有的甚至仅进行6至8周训练即被派往前线。根据总动员令应征入伍的士兵，无论身体条件或战斗素质都大不如以前。但是，动员毕竟使苏德战场上受到严重削弱的德军部队得到了补充。实行总体动员的结果，征

召了200余万人。这使德军在1943年上半年得以新组建一批师，并对1942年底至1943年初遭受损失的一些兵团进行补充。

1943年，德国的工业加紧发展，军火产量比往年有所增长。1943年，德国火炮、坦克和迫击炮产量比1942年增加一倍多，作战飞机产量增加70％。但是，由于德军作战损失很大，超过其军工生产和人员的补充能力，德军统帅部仍被迫缩减了许多步兵师的编制规模。

截至1943年7月，由于实行总动员和加紧生产技术装备，德军在苏德战场共集中530余万人、5.4万多门火炮、5800多辆坦克、近3000架飞机，以及277艘舰艇，但仍未能补足其全部损失，使其苏德战场部队总人数达到1942年秋季的水平，约620万人。不过，德国此时仍是个强大的对手。在英美尚未开辟欧洲第二战场的情况下，德军还能够从西线向东线抽调兵力。

为实施"堡垒"战役，德军在库尔斯克方向集中了苏德战场德军全部装甲师的近70％、作战飞机的65％以上。实施"堡垒"战役的各突击集团共编有50个精锐师，其中包括16个装甲师。

集中于库尔斯克突出部以南和以北的德军中央和南方两个集团军群，总兵力达90余万人。实施战役的德军各集团共装备火炮、迫击炮约1万门、坦克约2700辆、飞机2000余架。德军突击集团还装备了新式"虎"式和"豹"式坦克以及"裴迪南"式强击火炮。

然而，至1943年7月库尔斯克会战前，整个苏德战场的兵力兵器对比已发生根本性变化。苏联国民经济纳入战时轨道后，更加广泛地展开了军火生产，新式武器产量有了很大增长。军事经济迅速发展和部队作战技能的提高，使苏军各军兵种从1943年春季至夏初这一期间得以进行大规模组织整编，组建了大量的坦克集团军和空军集团军，基本完成了在全军中建立军一级编制的工作。

苏军装备了各种新式武器装备，诸如改进型坦克、自行火炮、飞机，以及大量火炮、迫击炮、自动步枪和弹药等。至7月初，苏军已取得对德军优势，许多武器装备的主要质量指标，已超过德军同类武器装备。

1943年3月末，冬季战局结束后，苏军最高统帅部即着手制订1943年夏秋作战计划。

最初计划先敌转入进攻，在西南战略方向实施主要突击，战局一开始就展开广泛的进攻行动。但是，在查明德军准备在库尔斯克突出部地域采取大规模进攻行动的企图后，苏军最高统帅部于3月末至4月初进行了多次讨论，对夏季攻势计划做了重大修改，并于4月12日召集会议，定下了实施有防御的预先计划。

计划规定：

在库尔斯克突出部集中重兵集团，暂时转入有组织的坚守防御，在防御交战中疲惫、消耗德军集团，然后转入反攻，粉碎德军进攻企图；在粉碎库尔斯克方向德军后，计划在正西方向和西南方向全线出击，摧毁德军从斯摩棱斯克到亚速海的防御。

为牵制德军部队并使其无法机动预备队，在苏德战场南部一些方向上和西北方向上实施局部进攻。

会上也研究了另一种方案：倘若德军统帅部近期内不在库尔斯克附近发动进攻，则苏军将转而采取积极行动。

为进行库尔斯克会战，苏军在库尔斯克地域建立了由苏军沃罗涅日方面军和中央方面军组成的军队集团。截至7月初，该集团编成内共有133万余人、火炮1.9万门、坦克近3500辆、飞机近3000架。

在两个方面军后方配置的大本营战略预备队——新编草原方面军，准备随时采取防御或积极的进攻行动。部署在这里的苏军占其整个作战部队人员约1/3，火炮的近26%，坦克的46%以上，作战飞机的1/3以上。

库尔斯克会战，从7月5日德军发起进攻开始至8月23日苏军胜利结束进攻，历时50天。

为实施防御，苏军预先做了大量周密充分的准备工作。4月，苏军在库尔

斯克突出部展开了坚守作业，接近前线地区的居民给苏军以巨大支援。

6月份，计有30余万库尔斯克市、州的居民参加了防御工事的构筑。为实施稳固的防御，苏军采取的主要措施是：

在库尔斯克方向建立整个纵深为250至300千米的多地带防御；将大本营战略预备队调到库尔斯克以东地域；向库尔斯克地域进行了整个战争期间规模最大的一次物资器材和部队的集中；组织了专门破坏德军交通线和夺取制空权的空中战役；加强游击队的活动，在德军后方开展大规模破坏活动和收集重要情报的活动；从4月起，部队利用战斗间歇进行战斗训练，特别是反坦克训练；实施一整套措施，以便保证苏军即将开始的行动。

防御作战从7月5日拂晓苏军实施炮火反准备开始，共有2460门火炮、迫击炮和火箭炮参加了炮火反准备，平均每千米正面的火炮密度达35门，在最

战场上正在战斗的士兵

重要的地段上达70门。炮火反准备使德军的首次突击力量遭到重大损失，已做好进攻准备的德军战斗队形和指挥系统被打乱，因此，德军被迫推迟3个小时才发起进攻。

7月5日5时30分和6时，德军在炮火准备后分别由奥廖尔以南地域从北向南和从别尔哥罗德地域由南向北对库尔斯克发起进攻。

德军在苏军中央方面军地带内向三个方向实施了突击：向奥利霍瓦特卡实施主要突击，向小阿尔汉格尔斯克和格尼列茨实施辅助突击。

德军第九集团军在奥利霍瓦特卡主突方向上，将300多辆坦克同时投入战斗，大批轰炸机轮番轰炸，为坦克开路。苏军航空兵和炮兵对德军坦克实施了猛烈突击。德军步兵也遭到防御部队猛烈射击。

7月5日日终，主突方向的德军在付出重大代价后，楔入苏军第十三集团军防御纵深7至8千米。

苏军中央方面军判明德军主突方向后，于6日以第十三集团军的近卫第十七军和第二坦克集团军的第十六坦克军向北，以第十九坦克军从萨莫杜罗夫卡向东北，分别对德军主要集团实施反突击，阻止了德军的进攻。随后几天，德军向波内里增调兵力，但通过这一方向向库尔斯克突破的企图也未成功。

7月9日，德军中央集团军群被迫把突击集团全部兵力投入战斗。

7月11日，德军在付出重大代价后未能突破苏军防御阵地，被迫转入防御。苏军在奥廖尔方向转入反攻的时机已经成熟。

在库尔斯克南面苏军沃罗涅日方面军地带内，德军共集中了约1000辆坦克同时投入战斗，其中700辆配置在奥博扬公路的主要方向上。

7月5日晨，德军向奥博扬实施了主要突击，在科罗恰方向实施辅助突击。

沃罗涅日方面军以3个集团军和一个坦克集团军抗击德军的进攻。在防御的关键时刻，苏军及时调整部署，加强兵力，实施反突击，终于在奥博扬方向阻止了德军的进攻。

7月10日，因在奥博扬方向未能继续前进，德军被迫将主力调到普罗霍洛夫卡方向实施进攻，企图绕道向库尔斯克推进。德军第四装甲集团军和"肯百夫"战役集群实施了这次进攻。

苏军决定从两个方向对雅科夫列沃实施向心反突击，即以近卫坦克第五集团军和近卫第五集团军从东北，以第一坦克集团军和近卫第六集团军的近卫步兵第二十二军从西北，分别实施反突击。第二和第十七空军集团军对反突击实施空中支援。

7月12日，在普罗霍洛夫卡以西和以南地域，双方约1200辆坦克和自行火炮展开了第二次世界大战中规模最大的一次坦克遭遇战。同时，双方飞机在空中也展开了激战，仅7月12日，苏军空军即出动飞机近300架次。

普罗霍洛夫卡地域的坦克战以苏军的胜利告终，德军被迫停止进攻，并后退10千米，德军损失坦克400多辆。德军由南面向库尔斯克的进攻已陷入困境，在楔入苏军防御纵深近35千米后被迫转入防御。

从7月16日起，在进攻计划已被彻底挫败的情况下，南面德军开始撤回出发地区。苏军沃罗涅日方面军和草原方面军在德军后卫阻击下追击撤退之敌，于7月23日日终前出到交战开始前所占地区，并根据苏军统帅部指示就地做反攻的准备。

反攻的目的是歼灭德军奥廖尔和别尔哥罗德——哈尔科夫两个集团，并为转入总的战略进攻创造条件。苏军中央方面军、布良斯克方面军以及西方面军负责实施奥廖尔进攻战役。

沃罗涅日方面军、草原方面军和西南方面军一部，负责实施别尔哥德——哈尔科夫进攻战役。苏军的这次反攻在300余千米正面进行。

苏军最高统帅部代表朱可夫和华西列夫斯基分别负责协调沃罗涅日方面军与草原方面军、西南方面军与南方面军之间的行动。

7月12日，经航空火力和炮火准备之后，苏军首先对奥廖尔突出部北部正面和东部正面发起反攻。西方面军左翼各兵团向霍特涅茨和博尔霍夫方向展开进攻，布良斯克方面军向博尔霍夫和奥廖尔方向展开进攻。

进攻第一天，西方面军近卫第十一集团军为夺取主要防御地带与德军进行了激烈的战斗，第二天日终前已突破德军防御的战术地域，向纵深推进近25千米。

布良斯克方面军地带内的进攻十分艰难，德军竭力扼守博尔霍夫，因为这是从北面掩护通往奥廖尔集团后方的重要防御枢纽。布良斯克方面军所属第六十一集团军在两天的进攻中接连击退德军的反冲击，楔入敌防御纵深8千米。

7月12日，方面军第三、第六十三集团军的部队未能突破德军主防御地带。近卫第一坦克军在第六十三集团军地带投入交战后，进攻速度才有所提高。7月13日日终前，第三、第六十三集团军楔入德军纵深已达15千米。

西方面军不断扩大和加深突破口，摧毁了博尔霍夫德军集团的抵抗，从西面包围了该城，并从北面和西北进一步威胁到奥廖尔城。布良斯克方面军从东北和东南向奥廖尔实施主要突击，布良斯克方面军所属第六十一集团军则由东面和东南面对博尔霍夫实施包围。

7月15日，中央方面军右翼各集团军转入反攻，向西北方向的克罗梅实施主要突击。至17日，中央方面军完全恢复了自己在德军进攻前所处的态势。

为阻止苏军的进攻，德军急忙从第九集团军和苏德战场其他地段调来7个装甲师、1个机械化师和4个步兵师。为了增强突击力量，发展进攻，苏军最高统帅部决定将战略预备队投入交战。采取此举的另一个原因是，战斗至第七天，苏军进攻的总正面已大大加宽，随着部队日益楔入德军防御纵深，各兵团之间开始出现间隙，翼侧逐渐暴露。

7月19日至26日，布良斯克方面军将最高统帅部预备队加强的近卫第三坦克集团军，西方面军把最高统帅部加强的第十一集团军、第四坦克集团军和近卫第二骑兵军，先后投入交战。战略预备队投入交战后，大大提高了苏军的进攻速度。

7月29日，布良斯克方面军攻克博尔霍夫。结果，奥廖尔德军集团被苏军3个方面军从北、东、南三面包围，苏军的3个坦克集团军又构成了切断德军

西撤道路的威胁。

7月31日夜，德军为免遭全歼，开始由奥廖尔向西撤退。

8月3日，布良斯克方面军所部楔入奥廖尔。

8月5日晨，布良斯克方面军在西方面军和中央方面军的两翼配合下，经过激战解放该城。就在同一日，实施别尔哥罗德——哈尔科夫进攻战役的草原方面军，解放了别尔哥罗德。苏联首都莫斯科鸣放礼炮，以表示对解放这两座城市的苏军的敬意。消灭奥廖尔集团以后，苏军转入追击。

至8月18日，苏军前出到德军在布良斯克以东构筑的防御地区。此时，为了准备实施解放布良斯克的战役，苏军抵达该地域后便停了下来。

通过奥廖尔战役，苏军拔除了德军的重要战略基地，击溃德军15个师，向西推进150千米，为然后苏军向白俄罗斯进攻创造了有利条件。

8月3日，苏军向德军占领的遏制着苏军通往乌克兰和顿巴斯进攻道路的别尔哥罗德西北地域发动进攻。进攻第一天，沃罗涅日方面军和草原方面军取得很大胜利。

8月5日，草原方面军攻占别尔哥罗德。苏军在别尔哥罗德——哈尔科夫方向上的进攻，迫使刚被调走抗击苏军在顿巴斯方向进攻的德军几个装甲师又匆忙调回哈尔科夫地域。沃罗涅日方面军进攻较顺利，所属第一坦克集团军在实施战役的5天中，推进100多千米。

至8月7日日终，已攻占德军战役纵深内的重要抵抗中心和交通枢纽博戈杜霍夫市。此时，方面军近卫第五坦克师也攻占了德军从西北方向掩护哈尔科夫的两个重要枢纽位洛切夫和卡扎契亚洛潘。至此，德军已被分割为两个部分。8月11日，沃罗涅日方面军向西和西南方向扩大突破口，并切断了哈尔科夫至波尔塔瓦铁路。此时，草原方面军各集团已逼近哈尔科夫德军防御外廓。西南方面军第五十七集团军已强渡北顿涅茨河，从东和东南逼近哈尔科夫。

为了粉碎沃罗涅日方面军的突击集团，消除包围哈尔科夫的最大威胁，德军决定使用从顿巴斯调到哈尔科夫方向的基本兵力，对楔入博戈杜霍夫以

南地域的沃罗涅日方面军实施反突击。

8月11日至17日，双方在博戈杜霍夫以南地域展开了激烈的战斗。

德军将3个装甲师投入战斗后，把苏军向北击退20千米，但未能实现楔入博戈杜霍夫地域前出到苏军沃罗涅日方面军主要集团后方的企图。

8月17日，在苏军打击下，该方向德军被迫停止进攻转入防御。德军在这一企图失败后，又企图从阿赫特尔卡地域由西北方向突击博戈杜霍夫，计划切断阿赫特尔卡以南的战线突出部，由西北方向楔入博戈杜霍夫地域，粉碎沃罗涅日方面军突击集团的基本兵力。

为此，德军在阿赫特尔卡及其以西地域集中了一个机械化师和第十九、第十一、第七装甲师的基本兵力。同时，德军在科帖尔瓦以南集中了党卫队的装甲师的基本兵力，企图从南面突击前出到科帖尔瓦地域的苏军后方。经激战，沃罗涅日方面军粉碎了德军的企图，德军被迫转入防御。

当沃罗涅日方面军抗击德军反突击时，草原方面军逐步摧毁德军的顽强抵抗，从东、北、西三面包围了哈尔科夫。德军迟滞苏军反攻的企图遭到失败。为免遭歼灭，德军于8月22日开始向西南撤退。

8月23日，草原方面军在沃罗涅日方面军协同下攻占哈尔科夫。此次战役，使苏军向南和西南方向前进140千米，击溃德军15个师，为解放第聂伯河左岸乌克兰和前出第聂伯河创造了条件。

苏军在反攻中肃清了奥廖尔地域和别尔哥罗德——哈尔科夫地域的德军集团，胜利结束了连续50天的。会战结果是：德军损失50万人、1500辆坦克、3000门火炮、3700余架飞机，德军30个师被粉碎。当然，苏军也付出了重大代价。此战役使希特勒的进攻战略彻底破产，苏军在整个苏德战场完全转入战略进攻。

库尔斯克会战，如同莫斯科会战和斯大林格勒会战一样，成为苏联卫国战争胜利的一个重要里程碑。苏军在库尔斯克地域的胜利，使苏军完全掌握了战略主动权，为然后在苏德战场全线展开进攻创造了有利条件。

砸碎德军梦想的
第聂伯河会战

　　苏军经过库尔斯克会战以及同时在西方和西南方向实施的一系列进攻战役，使德军受到沉重打击，预备队消耗殆尽。

　　德军统帅部为了阻止苏军的进攻，稳定战线，保住第聂伯河以东的重要经济区，决定在苏德战场全线转入战略防御。

　　为此，德军在纳尔瓦河、维帖布斯克、奥尔沙、索日河、第聂伯河中游、莫洛奇纳亚河，直至克里米亚半岛东岸一线，急速构筑了一道战略防御地区，即所谓"东方壁垒"，第聂伯河一线为该防线的主要部分。德军企图在这一战略地区阻挡苏军进攻，然后转入反攻。

　　库尔斯克会战的胜利，为苏军在广阔战场转入进攻创造了有利条件。

　　1943年秋，苏军最高统帅部正确判断了德军稳定战线、转入阵地战的企图，决定不给敌人以喘息机会，不失时机地在大卢基至黑海1500千米的战线上展开战略进攻，并决定在西南战略方向实施主要突击，按统一的战略企图实施一系列相互联系的进攻战役，即"第聂伯河会战"。

　　第聂伯河会战在战略进攻中占有最重要的地位。此外，在战略进攻中，苏军在西方方向上，计划以加里宁方面军、西方面军和布良斯克方面军发起进攻战役，使德军无法抽兵南下；在南翼，计划以北高加索方面军收复塔曼半岛，并在刻赤半岛夺取登陆场。

　　第聂伯河地区具有重要的战略意义，它掩护着乌克兰的首都基辅和顿涅茨克—克里沃罗格两个战略方向，控制着盛产农产品的乌克兰地区和储存有丰富煤炭资源的顿巴斯地区，同时又能随时对距离较近的莫斯科构成威胁。

因此，德军统帅部对第聂伯河地区非常重视，企图依托这一天然屏障阻止苏军的进攻。然而，由于时间仓促，德军整个防御未能做好准备，有些地段尚未构筑工事，防御纵深没有强大的预备队，防御后方也不巩固，防御部队的士气因一连串的失败而日趋低落。

德军在这一地区集中了中央集团军群的第二集团军、南方集团军群的第四装甲集团军、第八集团军、第一装甲集团军、第六集团军和第十七集团军，共62个师，其中包括14个装甲师和摩托化师，共124万人、1.26万余门火炮、2100辆坦克、2100架飞机。

苏军最高统帅部的会战企图是：

彻底摧毁西南战略方向上的敌人，解放第聂伯河左岸乌克兰地区、顿巴斯、基辅，并在行进间强渡第聂伯河，夺占河西岸的战略登陆场，为然后解放白俄罗斯和西岸的乌克兰创造条件。

1943年8月26日，在进行了45分钟的猛烈炮火和航空火力准备后，苏军中央方面军开始向德军防御阵地发起进攻。中央方面军在谢夫斯克、诺夫戈罗德——谢韦尔斯基方向投入了3个集团军的兵力。

由于德军的顽抗，经过一天的激战，位于主突方向上的苏军第二坦克集团军和第六十五集团军进展缓慢，仅向前推进了3至8千米。次日，经过顽强战斗，苏军解放了谢夫斯克，但后因遇到德军激烈抵抗而前进受阻。

在左翼辅助突击方向作战的第六十集团军则进展顺利，很快就突破德军宽45千米，纵深40千米的防御正面，于8月29日解放了格卢霍夫，并继续向科诺托普推进，进入乌克兰北部地区。这样，该集团军就在德军中央集团军群和南方集团军群的接合部上打开了一个很大的缺口。

为了扩大战果，加快推进速度，中央方面军出敌预料，把主要攻击方向上的基本兵力第十三集团军、第二坦克集团军，以及最高统帅部调来的第六十一集团军集中到左翼，在科诺托普方向上发展进攻，取得重大胜利。

至8月31日日终前，突破口的正面扩大到100千米，纵深达60千米。德军由于无力阻止苏军的进攻，被迫于9月1日撤至杰斯纳河和第聂伯河的对岸。

苏军中央方面军发现敌军撤退，立即追击。方面军左翼在行进间强渡谢伊姆河，9月9日解放了重要铁路枢纽巴赫马奇；9月15日，又解放了通往基辅道路上的德军重要支撑点涅任；9月19日在切尔尼戈夫以南强渡杰斯纳河；9月21日解放了切尔尼戈夫市。次日，在基辅以北前出到第聂伯河。方面军右翼部队也强渡了杰斯纳河，并在9月16日解放了诺夫哥罗德市。

9月22日拂晓，为了出敌不意，方面军左翼第十三集团军不等制式渡河器材运达，便开始在宽大正面上强渡第聂伯河。第一批强渡的是携带轻武器的步兵，接着是团属炮兵。师属炮兵在河东岸提供火力保障。一日内，集团军夺占了一个正面宽25千米、纵深2至10千米的登陆场，前出到切尔诺贝利、高查雷至普里皮亚季河口地区。

9月23日，登陆场正面扩大到35千米，纵深扩展到20千米。同一天，第十三集团军左翼部队又在普里波亚季河右岸占领一个登陆场。

德军调来若干个师，向苏军登陆部队实施多次反突击，均被苏军击退。与第十三集团军几乎同时在基辅以北强渡第聂伯河的，还有第六十集团军和近卫第七军机械化部队。

当中央方面军左翼部队在哥美尔以南进行紧张的战斗时，方面军右翼和中路各兵团也分别向日洛宾和哥美尔展开了进攻。

9月底，中央方面军巩固了第聂伯河、普里皮亚特河和索日河上已夺占的登陆场，并继续扩大登陆场战斗。

沃罗涅日方面军原计划在8月27日转入进攻。由于中央方面军在基辅方向上的胜利进攻，对防守在沃罗涅日方面军和草原方面军正面的德军第八集团军和第四装甲集团军构成威胁，加之不久前沃罗涅日方面军在阿赫特尔卡地区击退了德军的反突击，德军为免遭合围，便于8月25日开始从阿赫特尔卡突出部撤退。战场形势的变化促使沃罗涅日方面军右翼部队提前于25日转入追击，于当天解放了阿赫特尔卡，并向前推进近20千米。

9月2日，右翼部队解放了苏梅，继而向罗姆内、朴里卢基和基辅进攻。方面军左翼部队与草原方面军配合，在哈尔科夫西南进行战斗。

9月10日，方面军各部队突破了罗姆内东南的德军防线，3天后强渡了苏拉河。

9月21日，加强给沃罗涅日方面军的近卫第三坦克集团军先遣支队，在布克林附近强渡第聂伯河，并夺取一个登陆场。22日，方面军突击集团第四十、第二十七、第四十七集团军利用坦克集团军的战果也开始了强渡行动。

❤ 战场上的士兵

草原方面军的情况与中央方面军和沃罗涅日方面军的情况均不同，它在8月底以前在哈尔科夫以西和西南进行了多次战斗，在解放哈尔科夫以后，应向克拉斯诺格勒、上第聂伯罗夫斯克方向继续进攻，并前出到第聂伯河。

但是，德军调来15个师，竭尽全力阻止苏军在该方向上的进攻。草原方面军在打退德军反突击后，直至9月初才向克拉斯诺格勒、上第聂伯罗夫斯克方向展开进攻。

9月6日，苏军最高统帅部调整了该方面军的任务，令其向波尔塔瓦和克列缅丘

格方向实施主要突击，阻止德军在该方向上建立稳固的防线。

9月20日，方面军在追击敌人过程中，前出到距第聂伯河70至120千米处。23日，解放了波尔塔瓦，6天后又解放了克列缅丘格。

9月底，草原方面军已全线推进到第聂伯河，肃清了东岸的德军，并准备强渡第聂伯河。

当苏军沃罗涅日方面军和草原方面军在阿赫特尔卡和哈尔科夫地域进行战斗时，西南方面军于8月13日从伊久姆地域向巴尔文科沃方向展开了进攻。但8月份进展不大，仅扩大了伊久姆地域北顿涅茨河右岸的登陆场。

8月18日，南方面军各兵团在伏罗希洛夫格勒西南地域发起进攻。南方面军第五突击集团军和近卫第二集团军突破了德军米乌斯河一线的防御。

近卫第四机械化军和近卫第四骑兵军组成的方面军骑兵机械化集群，前出到亚速海沿岸地区，切断了塔甘罗格防御之敌的退路。

8月23日，苏军解放阿姆夫罗西耶夫卡，然后继续向南发展进攻。

8月30日，解放塔甘罗格。这样，南方面军就在顿涅茨克、阿姆夫罗西耶夫卡和塔甘罗格湾之间的德军防线上打开了一个缺口。

9月初，西南方面军左翼部队在伊久姆东南的北顿涅茨河地区重新发起进攻，突破了德军第一装甲集团军的防线。这样，两个方面军的进攻很快汇合成一个强大的突击。

德军南方集团军群担心被包围，遂于8月31日开始把第六集团军和第一装甲集团军右翼撤往戈尔洛夫卡、日丹诺夫一线的后方预设阵地，而以后卫部队顽强抵抗。

9月8日，苏军南方面军粉碎德军后卫部队的抵抗，解放了顿巴斯州首府斯大林诺。

9月15日，德军统帅部担心部队被围，遂命令南方集团军群放弃顿巴斯，全线撤至梅利托波尔、第聂伯河一线后面的"东方堡垒"。苏军两个方面军向西南和南方进一步发展进攻，于9月22日前出到扎波罗日耶以南和莫洛奇纳亚河一线，并解放了顿巴斯。

9月25日，西南方面军在第聂伯罗彼得罗夫斯克以南强渡第聂伯河。

9月底，中央方面军、沃罗涅日方面军、草原方面军、西南方面军和南方面军，解放了除莫洛奇纳亚河以西和扎波罗热以东的小部分地区以外的整个第聂伯河左岸乌克兰地区，在洛耶夫至扎波罗热之间近750千米宽的正面上先后进抵第聂伯河。部分部队还不失时机地实施了强渡，在第聂伯河西岸夺取23个登陆场。

11月10日11时，苏军白俄罗斯方面军第四十八、第六十五、第六十一集团军向当面德军发起进攻，结果推进15千米。

在苏军猛烈进攻下，德军于14日开始向西北方向退却。方面军乘机追击，于15日切断了戈梅利至加林科维契的铁路线。

11月17日，攻占德军重要防御枢纽部列奇察，并对列奇察以南的德军形成包围之势。德军为了解救列奇察以南的部队，于18日在列奇察以南和马洛多什以南两个方向上实施反突击。经激烈战斗，苏军于21日击退德军，并将列奇察以南德军大部歼灭。

11月22日，苏军方面军右翼第三集团军在普洛布斯克以南转入进攻，当天突破德军防御正面20千米，纵深10千米。

11月24日，第五十集团军也转入进攻，与第三集团军协同作战，至25日将突破正面扩大至70千米，并前出到新贝霍夫附近，从而造成对戈梅利地区德军的包围之势。当日夜，德军从索日河与第聂伯河河口地带撤退。苏军追击退却之敌，于26日解放戈梅利城。

至11月30日，白俄罗斯方面军在强渡第聂伯河后向前推进130千米，解放了白俄罗斯东部一部分领土，扩大和巩固了登陆场，有力地配合了乌克兰第一方面军的基辅战役。

乌克兰第一方面军实施基辅进攻战役于11月3日开始，根据方面军的最初企图，为解放基辅，决心实施两个突击：从布克林登陆场实施主要突击；从基辅以北的登陆场实施辅助突击。

由于德军指挥部在10月初已集中30个师，其中在布克林登陆场苏军正面

就有10个师，加之基辅以南的大起伏地给苏军的进攻尤其是坦克部队的行动造成很大困难，方面军突击集团在10月份实施的两次突击均未成功。

于是，苏军最高统帅部决定：

由基辅北面的柳捷日登陆场实施主要突击；在基辅南面的布克林登陆场实施辅助突击。

乌克兰第一方面军迅速采取措施，将近卫第三坦克集团军和第七炮兵军从布克林登陆场隐蔽地调到柳捷日登陆场。由于集中了兵力兵器，方面军在主突方向达成了对德军的优势。

为了最大限度地达成战役突然性，方面军在主要集团发起进攻之前，首先命令第四十、第二十七集团军于11月1日由布克林登陆场发起进攻。这一行动迷惑了德军，牵制了德军大部兵力。

11月3日凌晨，方面军主力经过40分钟的炮火和航空火力准备，从柳捷日登陆场发起进攻，第一天即楔入德军防御纵深5000米至12000米。

为了达成突破并向西南方向发展进攻，4日中午，刚调来不久的近卫第三坦克集团军，在第三十八集团军的进攻地带内投入战斗。为阻止德军撤离基辅，近卫第三坦克集团军连夜发起进攻。

德军防御部队开始撤退，近卫第三坦克集团军乘势突破德军战术防御地带，切断了基辅至日托米尔的公路，并继续向法斯托夫方向进攻。

11月4日至5日，近卫第一骑兵军、诸兵种合成集团军的第二梯队和预备队均投入了交战。此时，第三十八集团军和近卫第五坦克军已接近基辅北郊和西郊。

11月6日晨，乌克兰首都基辅解放。同时，近卫第三坦克集团军解放了瓦西里科夫，11月7日，解放法斯托夫。方面军其他部队也乘势向西、西南和南方推进，11月13日，苏军前出到拉杰卡、日托米尔、法斯托夫地区。基辅登陆场12日已扩大到正面宽140千米，纵深150千米的范围。

德军统帅部决定实施反突击，拟合围并消灭苏军在日托米尔地域的集团，然后向基辅发起进攻。主要突击由法斯托夫西南地域向布鲁西洛夫实施；辅助突击由日托米尔西北地域向拉多梅什利实施。参加反突击的是德军第四装甲集团军的15个师。

苏军在查明德军企图和主要装甲集团在法斯托夫以南和西南集中的动向后，于11月12日停止了日托米尔以西的进攻。

从11月13日起，方面军以第三十八、第四十、第二十七集团军和近卫第三坦克集团军等部队，在中央和左翼组织纵深梯次防御，并向该地调派了方面军预备队；第十三、第六十集团军协同白俄罗斯方面军在右翼继续发展进攻，牵制德军兵力。在抗击德军反突击过程中，苏军力量不支，被迫回撤到有利防御地区。

11月20日，德军以沉重的代价占领日托米尔等地。

12月6日至14日和19日至22日，德军第四装甲集团军两次企图以数个装甲师在苏军第六十集团军地带突向基辅，均被苏军击退。德军在伊格纳特波尔、梅列尼、斯塔维谢一线的进攻也被阻止。

德军通过近一个半月的进攻，在基辅方向仅前进三四十千米，突击力量遭到了疲惫和消耗。

12月24日，乌克兰第一方面军得到加强后，转入反攻。12月31日，苏军攻占日托米尔。至此，苏军收复了德军之前夺取的全部土地。

第聂伯河会战于1943年年底结束。

此次会战，苏军重创了德军南方集团军群的基本兵力和中央集团军群一部。经过4个月的进攻，苏军消灭了第聂伯河接近地的德军防御部队，肃清了德军在左岸的全部桥头堡，并且在右岸建立了两个战略登陆场和数十个战役战术登陆场，粉碎了德军恢复沿第聂伯河进行防御的企图。

如果说库尔斯克会战彻底埋葬了希特勒的进攻战略，那么，第聂伯河会战则粉碎了德军统帅部建立坚固阵地防御并在这一方向扼守重要经济区的企图。苏军在第聂伯河会战中的胜利，还为在白俄罗斯的进攻和完全解放第聂

乌克兰第一方面军司令员瓦图京大将(右二)在前线

伯河右岸乌克兰，以及将侵略者驱逐出境奠定了基础。

　　苏军不仅在第聂伯河会战中，而且在苏德战场的其他方向上都取得了胜利。北高加索方面军在黑海舰队、亚速海区舰队的协同下，于9月和10月解放了新罗西斯克和整个塔曼半岛。塔曼解放，高加索会战即告结束。

　　10月31日至12月11日，苏军进行了刻赤——埃利季根登陆战役，并在刻赤半岛夺占了登陆场。

　　布良斯克方面军发起的布良斯克战役，西方面军和加里宁方面军实施的斯摩棱斯克战役，也给德军以沉重打击，牵制了德军部分兵力，支援了第聂伯河会战。

　　由于苏军在库尔斯克、第聂伯河，以及在苏德战场其他地区的胜利，从斯大林格勒反攻开始的苏联卫国战争的根本转折遂告完成，军事战略形势和力量对比发生了对苏联有利的和不可逆转的变化。

　　正如斯大林所说，"这场战争已进入了把侵略者从苏联土地上完全驱逐出去和消灭法西斯欧洲新秩序的阶段"。

战场对决

第二次世界大战的转折

地中海、北非的反击

　　1941年春，德国非洲军团为援助意大利而进入北非，与英军展开拉锯战。英军第八集团军为守住在北非的最后这道防线，于1942年10月在阿拉曼地区与德意军展开决战，并取得决定性胜利。与此同时，美英盟军积极介入地中海战区的军事行动，于11月8日登陆北非，向退守突尼斯的德意军进逼，并于翌年3月发起大规模攻势，5月即全歼突尼斯之敌。

北非地中海
战场的战略重点

　　1942年上半年，是英国处境艰难的时期。它不仅遭到新加坡沦陷和缅甸失守的打击，而且面临法西斯轴心国东从高加索、南从北非的两面夹击的危险，而最沉重的是北非图卜鲁克失守。

　　隆美尔军队在拔掉这个钉子之后，就可以长驱直入埃及亚历山大港、开罗，直至苏伊士运河。

　　这种严峻的局面，尤其是来自北非的威胁，导致丘吉尔在国内的政治处境极为困难——"只有战场上的胜利才能挽救他的首相地位"。而达到这一目的的途径，便是英美联军在北非登陆。

　　这种思想也符合英国一贯主张的地中海战略。英国总参谋长艾思赛德将军在1939年曾断言：

　　　　地中海战区是英国可以打赢或输掉一场战争的最重要的战区，也是英国可以发动地面攻势的唯一战场；德国只要占领埃及和苏伊士运河，就有望赢得一场短期战争。

　　丘吉尔在1941年4月写道：

　　　　失去中东，对大不列颠是一个重大灾难。

　　对于英国来说，中东地区具有极为重要的战略意义，保卫中东仅次于

第二次世界大战的转折

保卫英国本土，中东地区是支援土耳其、苏联和地中海作战的基地，是通向印度、意大利的跳板，特别是其丰富的石油资源，更是英国的生命线，没有它，英国的陆、海、空三军就会瘫痪。

为了保卫中东，从1941年夏季起，英国就一直在准备登陆西北非的"体育家"计划，并竭力说服美国同意这一计划。

1941年12月，美英举行的第一次华盛顿会议，即"阿卡迪亚"会议，丘吉尔以备忘录的形式表明了英国的这一战略企图。丘吉尔说过，他认识到俄国的战事发展十分重要，但目前除了向俄国人提供物资外，别无他法。

丘吉尔建议：

英美联合在西北非采取登陆作战行动，就能减轻苏联的压力。

这一两栖进攻战在英国发动的利比亚攻势的配合下，将在1942年底肃清北非之德军，使盟国地中海海运畅通无阻，这比绕道好望角能节省大量的载重吨位。

控制了这个关键的海上环节，美英两国就可以把全部注意力转向欧洲大陆，彻底击败希特勒德国。

丘吉尔的建议得到罗斯福总统的赞同。"阿卡迪亚"会议最后排除了1942年在欧洲开辟第二战场的可能性，确认美英联军占领法属北非的战略重要性，并定于1942年5月实施。

后来由于太平洋战区紧张，北非英军在昔兰尼加受挫，以及美国军方倾向于在欧洲登陆开辟第二战场，"体育家"计划因此被搁置下来。

1942年7月初，北非战线在埃及稳定下来，英国再次提出"体育家"计划，力主在非洲西北海岸实施大规模登陆作战，这样既可以威胁隆美尔的后方，解埃及之围，又可以把德、意军赶出北非，确保直布罗陀的安全，进而北上意大利、巴尔干，进取东南欧。

067

　　7月7日，英国战时内阁举行会议得出结论：由于实施"痛击"战役，即1942年跨越英吉利海峡的有限突击行动的可能性不大，必须说服美国政府回到"体育家"战役计划上来。

　　第二天，丘吉尔致信罗斯福：

> 　　英国陆军、海军或空军的负责将领均不准备推荐"痛击"计划为1942年可能实行的作战行动，在1942年组织并未成熟的战役，只会以失败告终，而且还会决定性地破坏1943年大规模战役的前景。

◆ 行驶的坦克

接着，丘吉尔明确提出英美军队1942年在北非登陆的问题，他写道：

　　我自己确信，"体育家"计划是在1942年使俄国战线获得缓和的最好机会。这个计划一直是同您的意见相符合的。

　　事实上，它是您的主导思想。这是1942年的真正的第二战场。我已与内阁和国防委员会商量过此事，大家看法一致。这是今年秋季可能实行的最可靠的、最有成果的攻击。

7月14日，丘吉尔再次致信罗斯福催促道：

　　我盼望您了解我现在的处境。我已发现，没有人认为"痛击"计划是可行的。我很希望您尽快实行"体育家"计划。

　　7月15日晚，罗斯福总统在同他的私人顾问霍普金斯的谈话中，对于英国不热心于"痛击"行动表示不安。同时指出，美国不能等到1943年才打德国，"如果我们不能够在'痛击'行动中发动进攻，我们就应当采取第二个最好的行动——而这不是太平洋"。他表示，要对美军在1942年对德地面作战的战区作出明确而具体的决定，"考虑中的战区就是北非和中

东"。尽管军方反对在北非作战，而主张在欧洲或太平洋展开对轴心国的作战，但罗斯福坚持他的想法。

他认为，"体育家"作战行动的一大好处在于它纯粹是美国人的创举，它将夺取西非，使敌人无法使用那里的港口，为最终控制地中海开一个头。另一个战区是中东，这方面美国可能不会遇到什么抵抗，它可以使用在埃及的部队，或从波斯湾北端调遣部队。更重要的是，美国只有尽快参加对德作战，才能和其他主要同盟国家一样有权决定关于战争的全部问题。

为此，罗斯福于7月16日派遣美陆军参谋长马歇尔将军、哈里·霍普金斯以及美国海军作战部长金海军上将再次飞赴伦敦，与英国领导人商谈联合作战计划，并对这次伦敦会议作了指示。

其中一条指示便是尽力守住中东，因为失去中东就意味着一连串的损失：

丢掉埃及和苏伊士运河；丢掉叙利亚；丢掉摩苏尔油井；由于敌人从北面和西面夹击而失去波斯湾，同时得不到波斯湾的石油；德国同日本会师，很可能丢失印度洋；德军十分可能占领突尼斯、阿尔及尔、摩洛哥、达喀尔，并切断通过弗里敦和利比里亚的渡海路线；严重地危及南大西洋的一切航运，也严重地危及巴西以及整个南美洲的东海岸。

同时，罗斯福也要求他们"必须细心地研究执行'痛击'的可能性。这样的作战行动，今年肯定会给俄国很大的支持，它可成为今年解救俄国的转折点"。

根据指示，在未能达成关于实施"痛击"战役协议的情况下，美国代表应将情况通知总统，并在仔细研究国际形势后，另行确定"美军于1942年作战的其他地点"。

最后，指示强调，当前的目标就是：

美国地面部队必须在1942年对德军开战。

7月20日，英美举行第一次全体会议。马歇尔反对在西北非卡萨布兰卡附近登陆的建议，认为这对于局势严峻的东线战事无济于事，不会减轻苏联的压力。此外，如果把兵力都投入到不起多大作用的"体育家"行动中，会无端地消耗兵力。与其这样，不如将这些宝贵的作战力量用于1943年有可能实施的"围歼"作战中。金海军上将则更倾向于将兵力投入太平洋，对付日本的扩张。

丘吉尔对1943年实施"围歼"战役表示赞同，但坚决反对1942年在北非以外的战场采取大规模地面作战。他首先指出，以盟军现有的船只和兵力兵器，肯定无法在1942年实施"痛击"计划。该计划不仅面临失败的可能，而且会吞掉进行更大规模军事行动所必需的"全部资源"。他继而强调，既然登陆法国的计划不可能实施，那么就应该考虑登陆北非的"体育家"计划。

英方认为，"体育家"计划规模稍小，所需要的兵力、装备、物资等均比登陆欧洲的行动要少，因此，成功的可能性也更大一些。而且，如实施顺利，有可能在地中海以及中东成为决定性的转折点，同时也能减轻苏联南部战场的压力，起到第二战场的作用。

随后，两国参谋长就该问题进行过3次会议，均未能达成协议，罗斯福获悉此讯，拍电报给在伦敦的美方人员，重申他们离开华盛顿前他下达的指示——必须制订在1942年发动有美国地面部队参加的对德作战的其他计划。

罗斯福总统提出5个战役方案，并要求军方优先考虑在北非登陆。

它们依次是：一是以阿尔及尔或摩洛哥或以返两地为目标的一种新攻势；二是原有的北非作战行动的开始阶段完全由美军负责执行；三是进攻挪威北部的作战行动；四是美军增援埃及的英军，以便在那里发动一个攻势；五是美军经由伊朗一直打进高加索地区。

罗斯福最后敦促美方代表尽快同"我们的朋友"作出一个决定。

根据罗斯福的指示，美英联合参谋长会议于7月24日召开，就同盟国在1942年至1943年实施战役的问题迅速达成协议并通过备忘录。

内容如下：

只要在1943年7月以前存在顺利实施"围歼"战役的可能性，就不能放慢这一战役的准备工作。

假如在9月15日以前出现了俄国人在东线抵抗停止或急剧削弱的征兆，而使顺利实施"围歼"战役的希望变得渺茫，那么，就应当定下决心，在1942年12月以前的短期内共同实施在西北非沿岸登陆的战役。

因此，必须立即制订这种非洲共同战役计划并确定集中交通工具、海军力量和部队的最后的期限，以便在1942年12月1日以前实施登陆兵第一梯队的登陆行动。

实施非洲战役，实际上排除了在1943年顺利实施"围歼"战役的可能性，因此，我们将在欧洲大陆周围处于防御态势，不包括空军行动和封锁。

但是，进攻大陆的组织工作、计划的制订和部队的准备，应当考虑在下述情况下继续进行，即在德国力量遭到严重削弱的情况下，当然，还要在有资源保障的情况下，才能实施这一战役。

7月25日举行的美英联合参谋长会议第二次会议决定，在北非和西北非登陆战役代号更改为"火炬"。同一日，罗斯福总统电告霍普金斯，"不迟于10月1日"实行的在北非登陆的计划，应立即着手进行准备工作。

据此，1942年7月，在德、意军紧逼埃及之际，英美两国经过长时间讨论，终于作出于1942年秋季实施北非登陆战役的决定。

从8月初开始，英美参谋部着手进行进攻北非的实际准备工作，除了确定"火炬"行动指挥官人选，调集大批部队、空军中队、装备、物资补给品之外，丘吉尔还亲临北非视察，整顿了中东战区指挥系统，由哈罗德·亚历山大将军出任中东英军总司令，伯纳德·蒙哥马利将军任英军第八集团军司令，并指示第八集团军做好一切准备，配合秋季的"火炬"作战，先行对阿拉曼之敌发动大规模进攻，然后同登陆的英美联军一道，彻底歼灭德、意非洲集团军。

此后，丘吉尔飞赴莫斯科与斯大林会晤，就"火炬"计划代替欧洲第二战场开辟问题，同斯大林交换意见。

丘吉尔为了说服斯大林，列举了采取"火炬"计划的种种理由及好处，并画了著名的鳄鱼图形，借此说明英国的意图是，在打鳄鱼的硬鼻子时，即法国北部，也要攻击它的柔软下腹，即地中海。

斯大林最后同意了英美的战略计划。

"打敌软下腹"是英国一贯采取的典型的"间接战略"，即避重就轻、避实就虚，打边缘战，扫清外围之敌，利用在次要方向作战的时机积蓄力量，然后再向主战场挺进，在战争的最后阶段向德国进攻，将其一举歼灭。一言以蔽之，以稳妥的渐进方式和较小的代价取得较大的胜利。

至此，盟军就1942年北非地中海战场的战略重点问题达成一致：登陆北非，肃清非洲之敌。同时加强地中海马耳他岛的军事力量，以便充分发挥其重要的海、空军基地的作用。

改变战场态势的
阿拉曼战役

　　1942年7月，德、意非洲集团军进攻英军阿拉曼防线失败，陷入僵局，隆美尔及德国最高统帅部已准备放弃攻势。但是，希特勒仍不甘心，命令继续准备进攻尼罗河三角洲。意大利统帅部也请求隆美尔无论如何不要撤退。

　　在他们的催促下，隆美尔不顾部队疲惫、补给不足，以及缺乏燃料的恶劣状况，决定再次进攻英军阿拉曼防线，突破苏伊士运河。他认为，如现在不进军，双方兵力日趋悬殊，将再无机会向尼罗河三角洲进军了。

　　阿拉曼防线北濒地中海、向南延伸64千米至卡塔腊洼地的盐碱滩。由于该防线地势复杂，防守严密，没有装甲部队可迂回的开阔翼侧，无法从正面进攻，隆美尔遂决定以哈勒法山为突破口，在该地以东挥戈北上，再朝哈马姆方向进逼海岸。之后，德军击溃英军第八集团军，突破阿拉曼防线，前出至苏伊士运河地区，为夺取埃及铺平道路。

　　隆美尔计划以德军第一六四师和意军两个师对阿拉曼防线北部的英军第三十军实施牵制性进攻。然后，以德军第九十轻型装甲师、第十五和第二十一装甲师、意军摩托化军及侦察大队，向防守战线最南端希迈马特的英军第十三军实施主攻。

　　该地段是一个防御的薄弱点，阵地前仅由雷区加以封锁。隆美尔的作战意图是，从南端突破英军防线，部分兵力向东推进到达左侧的哈勒法山山脊，然后迂回山脊，对英军主力实施包围与进攻。

　　根据"超级机密"提供的可靠情报，英国第八集团军对德、意军的作战部署了如指掌，遂决定以重兵防守战线南端及哈勒法山地。

英军防御兵力为8个师。北面由第九澳大利亚师重兵扼守特勒埃萨突出部，第一南非师把守第九澳大利亚师和鲁瓦伊萨特岭之间的地区，第五印度旅据守鲁瓦伊萨特岭，岭南的第二新西兰师则在代尔穆纳西卜高地上担负正西和西南方向的防守任务，第四十四师和第二十二装甲旅据守哈勒法山，第七装甲师布设在东南面，隐蔽待命，一旦德军坦克企图突破，立即给予痛击。此外，英军还布设了6个相互连贯的布雷区，构筑了坚固的炮兵阵地。英军各步兵师装备有威力强大的新式反坦克炮。部署在阵地前沿的700辆坦克中，有160多辆是装备有75毫米炮的性能优良的美制坦克。英军坦克比德意军优势明显。

8月份，英军得到的补给是轴心国军队的10倍。总之，英军的装备与作战人员素质已超过入非作战以来的任何时候，而德、意军无论是人员还是装备补给均已处于最低点。

激战中被炸毁的飞机

8月30日晚23时，德、意军开始向英军防线南端的要塞发起进攻，打响了哈勒法山之战。

英军的大纵深密集布雷区和空军的猛烈轰炸，使德、意军大受挫折，非洲军陷入死亡陷阱。第二十一装甲师师长冯·俾斯麦将军阵亡，非洲军军长内林将军身负重伤。

31日黎明时，先头部队只突进布雷区。上午8时，隆美尔被迫停止战斗。半小时后，鉴于德军两个装甲师已突破至雷区尽头，隆美尔重新下令进攻，同时被迫修改计划，推迟向亚历山大和开罗的进军，将哈勒法山作为直接目标，全部兵力提前北转，尽快横跨哈勒法山脊，以避开右翼英军第七装甲师的威胁。

于是，德，意军掉头直扑英军第二十二装甲旅的防守地段。蒙哥马利迅速派出第二十三装甲旅对保护布雷区的新西兰师和哈勒法山脊的第二十二装甲部队旅实施增援。

至中午，德国非洲军装甲部队主力伤亡重大，未能推进一步。这时，战场上刮起风暴，遮蔽了非洲军部队，英国空军只得停止轰炸。

下午16时，德军进至山脊最有利的据点132高地对面。在轰炸机的配合下，集结在高地的英军坦克和火炮立即向德军开火。

9月1日拂晓，德军第十五装甲师企图包围英军第二十二装甲旅，遭遇制被迫撤退，下午重新发起进攻，再次被隐蔽在工事内的英军第十装甲师的坦克击败。蒙哥马利集中兵力收紧包围圈。天黑前，德军曾3次试图突围均未成功。

激战持续至9月2日上午，德军损失惨重，燃料严重短缺，未能前进一步。隆美尔被迫放弃进攻，于夜间命令其装甲部队逐步撤至8月30日的出发阵地。哈勒法山之战以德、意军失败告终。

在该战中，德、意军损失近3000人，其中死570人、伤1800人、被俘570人；损失坦克50辆、野战炮15门、反坦克炮35门、卡车400辆。

英军损失1751人、坦克68辆、反坦克炮18门。从此，隆美尔军队进至尼

罗河一线的最后希望破灭。他们完全丧失了主动权，再也无力发动攻势。这就注定他们在阿拉曼战役中的失败。

经过哈勒法山一役之后，英军士气大振。这是他们进入北非作战以来第一次赢得如此辉煌的胜利，英军总结出该战的经验，为下一步阿拉曼战役的胜利奠定了基础。

如集团军各部队之间在战斗中协调一致；陆军和空军之间实行卓有成效的协同。尤其是英国皇家空军，完全掌握了制空权，不断猛烈攻击德、意部队，将其钉死在地面上，使之无法按预定计划行动。

此外，"超级机密"情报，以及在该战中运用的假情报、欺骗战术，也发挥了不容忽视的作用。这种欺骗战术被第八集团军司令蒙哥马利继续运用于阿拉曼战役。

哈勒法山一战失败后，隆美尔率部退至阿拉曼以西卡塔腊洼地的防线。防线正面宽60千米，纵深15至20千米，北濒地中海，南靠坦克无法通过的卡塔腊洼地，两翼不受威胁。

此时，德、意军经过长时间的沙漠地连续作战，体力、兵员、装备消耗均已达到顶点，而且迟迟得不到补充。

在"超级机密"情报的帮助下，英国空军对意大利补给船队和北非港口实施了有力而准确的打击，给轴心国的后勤补给计划带来严重的影响。轴心国越来越清楚地认识到，没有夺取马耳他岛是一大失策。隆美尔估算，在1942年前8个月，他只得到所需最低补给量的40％。

在兵力对比方面，盟国军队处于明显优势。首先表现在装甲车、坦克等机动作战力量方面。

1942年7月以来，英国第八集团军补充了大批装甲力量，组成精锐的第十装甲军；德、意非洲集团军虽然也有少量补充，但大都是非摩托化兵力，甚至将两支空降部队代替地面作战力量补充进来。

鉴于装甲兵的机动性和攻击力适合于沙漠作战，轴心国军队补充的这些兵力几乎毫无价值。其次是空中力量对比，英军掌握绝对制空权，而且在配

第二次世界大战的转折

合步兵地面作战方面已积累了一定的经验。

最后一点，即轴心国军队油料补给一直不足。在几次作战、追击行动中，德、意军均由于缺乏油料而中途退出战斗，前功尽弃。

自轴心国军队入侵埃及以来，补给线越拉越长，图卜鲁克的供应远远不能满足需要；轴心国运输船队不断遭到盟军的空中和海上打击，往往未到北非港口便沉入海底。沙漠战中，没有油料足以置人于死地。作战开始之前，德军仅剩4天的油料，弹药仅够用9天。

油料不足，隆美尔不敢再打他擅长的机动战。坦克在暴露的地域作战，也容易受到英军飞机的攻击。

鉴于种种不利因素，隆美尔决定打一场阵地战：利用步兵坚守防线，不惜任何代价，阻止英军的突破。一旦英军楔入防线，立即采取反击手段将其消灭，以避免英军扩大突破口。

为此，隆美尔沿整个防线建立了10多千米宽的防御体系。首先让部队占据坚固阵地，阵地最前沿设置了大面积布雷区。

第一道雷区纵深约900至1800米，其后是无人地带，仅配置少数前哨加以监视；其后1800米处是主防线，由德、意军步兵重兵防守，配备高爆炸弹、火炮和反坦克炮。主防线之后配置装甲部队。

整个布雷区威胁最大的是北部雷区，纵深达4500至8200米，共用了50万枚地雷。其中交错设置着拥有相当兵力的"防御点"，被称为"魔鬼的花园"。南部雷区虽不如北面庞大，但位置恰当，十分有利。

德、意非洲集团军拥有4个德国师、8个意大利师，其中包括4个装甲师和两个摩托化师。装备坦克480多辆、火炮近1300门、飞机680多架，总计约10万人。

其兵力部署如下：

德、意军混合编成的6个步兵师坚守主防线；
德军装甲部队主力第二十一装甲师和第十五装甲师各率一个

意大利师，分别防守战线南、北两端；

德军第九十轻装师作为预备队部署在北段后方海岸附近。

英国第八集团军辖3个军，共11个师和6个独立旅，其中包括4个装甲师和2个装甲旅；装备坦克1200辆、火炮2311门、飞机750架，总兵力达19.5万人。

英军作战意图是：

突破德意军的防御地域后，迅速向西挺进，占领昔兰尼加和的黎波里塔尼亚全境，配合即将在法属北非登陆的美英联军，将德意军全部逐出北非。

蒙哥马利的作战计划是分三路同时出击。

第三十军在北面担负主攻任务，负责突破德、意军防线中央以北的防御，在雷区打通两条通路，一条通往腰子岭，一条越过米泰里亚岭。之后，第十军的装甲部队通过通路，在战线另一边的开阔地带占据阵地，迎战德军装甲部队的反击。

第十三军在南面实施佯攻，分两路出击：一路在耶伯尔卡拉赫和卡雷特哈迪姆以东；另一路在更南面，向希迈马特和塔卡实施打击，诱使隆美尔相信英军主攻方向在南面，因而在那里保持强大的装甲部队。

在牵制德军装甲兵的同时，第八集团军将首先对其步兵实施粉碎性打击，然后再以密集装甲群奋力追击德国非洲军的残余部队，并将其彻底消灭。

这是蒙哥马利的一种新式沙漠地作战战术。他一改过去的先以密集的装甲群歼灭敌装甲部队、继而再扑向暴露的步兵的战法，而是首先歼灭德军非装甲部队，同时将德军装甲部队隔开，不让他们前往接应。

这一大胆的不合常规的战术引起英军装甲师及步兵指挥官的反对，但

是，蒙哥马利力排众议，坚持了自己的做法。

他预计，只要从翼侧和后方对扼守阵地的德军非装甲部队进行夹攻，采用"粉碎性"打击予以消灭，隆美尔的装甲部队就无法守住夺来的地盘。在这种情况下，隆美尔会由于补给不足而始终处于危险的境地，唯一的出路只有撤退。

为保障战役成功，蒙哥马利的进攻计划以两项内容作为基础：诈敌计划和作战计划。首先，对轴心国军队实施欺骗战术，使之相信英军的主攻方向在南部，然后，运用强大的火力优势，对北部防线实施大规模进攻。

诈敌计划要达到两个目的：尽可能长久地隐蔽英军发动攻势的意图；如瞒不住，则要使德军无法确定进攻日期和主攻地带。

具体做法是，在北部，掩盖英军的真正意图和实际行动，而在南部，则要有意识地显示英军正在活动的假象，以诱使德、意军在南面集中兵力。

英军在阿拉曼防线南端的后方一带，布置了假辎重卡车和假的弹药库，铺设了长达32千米的假的输油管，并且故意迟迟不竣工，给德方造成一种英军将到11月以后才发动进攻的假象。电台使用也日益频繁。

在北部，真正发起进攻的地段，作战运输工具和火炮都趁黑夜运入并仔细加以伪装。成百辆坦克隐藏在各种模拟车辆下面，卡车停在火炮阵地上。停放在后方的坦克和火炮运到前沿后，在它们空出来的地方放置了伪装物。

9月下旬，在沙漠的开阔地上，步兵出击前使用的前沿狭长掩壕已于夜间挖成并伪装起来。

开战日定在月盈之夜的10月23日。这样英军便可借助月光安全有效地排除地雷，在德、意防线上尽快打开缺口，开辟雷区通路。作战代号为"捷足"。

10月23日21时40分，英军1200门火炮对德、意军整个阵地进行了猛烈袭击，最后集中在北部地区。不久，德、意军的通信网就被破坏，其司令部顿时耳目封闭。

在英军强大火力的压制下，意军第六十二步兵团的部分兵力擅自离开防

线，纷纷后撤。22时，英军第三十军在战线北部开始进攻。

与此同时，英军在南部发起攻击，牵制德军主要装甲部队。第三十军所属第九澳大利亚师和第五十一苏格兰师投入战斗后，准备打通一条穿过布雷区的通路。

在其南侧，新西兰师和南非师也投入进攻，以开辟一条南通路。同时，第四印度师从鲁瓦伊萨特岭上具有威胁性的突出阵地展开凌厉的攻势，楔入德军阵地。

在英军战线北端，一个澳大利亚旅于特勒埃萨和地中海之间发起牵制性进攻。

10月24日凌晨1时，英军越过德军前哨线，楔入其主防线，突破口宽度在9600米以上。

至凌晨5时30分，第三十军一半部队已达预定目标，两条重要的雷区通路均已打通。第三十军各师和第十军所属第一、第十装甲师尾随在步兵后，分别开入北通路和南通路。

由于雷区纵深大，英军先头步兵部队和坦克在通路遭到越来越猛烈的炮火袭击，处于进退两难的境地。

10月24日下午，苏格兰步兵师和第一装甲师重新组织进攻，杀开通路冲过了布雷区，新西兰师的第九装甲旅也越过了米泰里亚岭。但在其南侧进攻的第十装甲师遭到德、意军的顽强阻击，直至次日清晨仍无法推进。

英军坦克被迫停留在米泰里亚岭背后，在最大射程上与德军交火，他们随时都可能被行动缓慢的步兵堵塞在后面，陷在狭窄通道内无法行动。不过，英军还是击退了德军第十五装甲师的多次小规模反击。

至傍晚，德军第十五装甲师只剩下1/4的坦克能投入战斗。

第十三军在南面的助攻也不顺利，所属第七装甲师和第四十四师都未能通过希迈马特北面的布雷区，被迫停滞于主阵地前。在各布雷区之间，第十三军所属步兵按照蒙哥马利的"粉碎性"战术展开血战，未能奏效。

为保存第七装甲师实力，蒙哥马利命令南部放弃进攻，北部仍按原计划

继续强攻。

10月25日夜，在炮兵和轰炸机的强大火力支援下，英军不间断地向德、意军实行突击。午夜时分，英军攻克了北部的重要据点——第28号高地。接着，在此地集中兵力准备继续进攻，以便扩展他们在雷阵以西的桥头阵地。

在此期间，接替隆美尔任非洲集团军代理司令的施登姆将军，在战役开始后不到一天，便死于心脏病猝发，司令部一度发生混乱。

9月23日才回国治病的隆美尔应希特勒的要求，于10月25日晚匆匆返回阿拉曼前线指挥作战。他放弃以步兵固守阵地的原计划，命令第十五装甲师和一个意军师于26日清晨向第28号高地发起反击。

在英军的顽强抵抗下，德军进展迟缓。

入夜，意军两个营占领高地的东、西两面。但高地仍控制在英军手中，成为一个重要的作战依托地。

此后，隆美尔动用了预备队第九十轻装师，并于26日夜调遣南段第二十一装甲师率部分意军和炮兵前去增援北段。他明白，由于缺乏燃料，一旦英军再进攻南部，第二十一装甲师就无法重新返回。

然而，德军当务之急是尽一切力量顶住英军在北部的进攻，隆美尔只有孤注一掷。

10月27日上午，他命令各部队尽量利用一切可以使用的火炮，阻滞英军的攻击。接着，德军装甲兵对英军发动一系列进攻，但均告失败。

经过3天激战，英军损失较大，伤亡6000多人，损失300多辆坦克。

蒙哥马利"开始意识到必须谨慎行事"。他决定在10月27日和28日暂停大规模进攻，重新调整部署：

> 第三十军和第十军进行休整，增补人员和装备；
> 将南线第七装甲师调往北部战线，准备同澳大利亚师共同沿海岸公路一线发动决定性进攻；
> 腰子岭和米泰里亚岭转入防御，由第十三军防守；

新西兰师作为预备队。

10月28日，隆美尔发现英军在第一道雷区前集结大量装甲兵力，预料将发生一场决定性战斗，于是，将南段剩余的德军和重武器全部调往北面。英军侦察机发现了德军的集结行动。

10月28日中午，英国空军出动轰炸机，轰炸德、意军的集结部队，粉碎了隆美尔第二次反攻企图。这次失败是阿拉曼之战的转折点，隆美尔再没有可用于反攻的部队了。

10月29日，德军已全部集结在战线北部，南部仅剩意军防守。这样，精锐的德军便不再和意军交叉部署了。

据此，蒙哥马利及时改变计划，决定先在德、意两军的接合部给意军以决定性打击，然后在左翼重创德军。作战行动代号是"增压"。

"增压"计划规定：

　　澳大利亚师要在10月30日夜至31日凌晨之前向北猛攻到达海边，把德、意军的注意力引向北面。然后，在10月31日夜至11月1日凌晨前，在北通路北面，以新西兰师为主，在第九装甲旅和两个步兵旅增援下，向意军发起强大攻势，打开一个深远缺口。之后，第十装甲军通过缺口。

澳大利亚师在向海岸的进击中遭到顽强抵抗，进展困难，未能一直攻到海边，但在德、意军的多次凶猛的反突击中守住了阵地，并夺得了公路和铁路沿线的许多阵地，俘获500名俘虏。

在此期间，英军加紧"增压"作战计划的准备工作。由于新西兰师同其增援部队尚未取得协调，蒙哥马利于10月31日6时30分将"增压"作战的总攻时间推迟一天，改为11月2日凌晨1时。

11月2日凌晨1时，"增压"行动开始。300余门火炮同时炮击德、意军主

阵地长达3个小时，接着新西兰师在移动弹幕掩护下，开始向意军防线发起进攻。首先攻击的目标是第28号高地两侧的第二○○步兵团。英军很快楔入阵地，跟随坦克和装甲车向西挺进。

隆美尔正确地估计到英军将向海岸进击，并做了相应的部署。但他没想到英军会突然改变作战方向，攻打德、意军接合部。经过激战，隆美尔把第九十轻装师预备队投入战斗，阻止住英军前进。

英军遂在已楔入的阵地上不断增加兵力。英军第一五一旅和第一五二旅在第二十三装甲旅的支援下，在规定时间内打开一条长达3600米的通道。装甲部队前锋第九装甲旅紧随其后，以便赶在日出之前进抵前方1800米处的德军炮兵屏障前。

接着，第十军装甲部队迅猛出击，进入突破口向纵深发展。不久，大批英军突破了第28号高地西南面德军第十五装甲师的防线。新西兰步兵和强大的装甲群向西推进，击溃1个意大利团和1个德国装甲兵营，并攻击德军后勤补给系统。

11月2日上午，德、意军残存部队发动反击，并设法堵住已达4000米宽的缺口，随后展开了一场整个战役中最激烈的坦克战。越来越多的德军和意军坦克在大炮和反坦克炮支援下投入战斗，英军炮兵和沙漠航空队轰炸机进行了有力的反击，双方伤亡都很大。

经过两个小时激烈战斗，德、意军的反击失败。北部战线的严峻局势，迫使隆美尔调集南部意大利"艾里特"装甲师和炮兵部队的大部兵力向北增援。于是，整个南段防线缩短。

下午，隆美尔运用全部残存坦克，对英军进攻部队的两翼实施反突击。由于缺乏空中掩护，在英国空军的袭击下，德军损失惨重，大部分坦克被击毁，有生力量只剩下1/3，坦克35辆。一天之内，德、意军消耗弹药450吨，但得到的补充只有190吨，而且是由驱逐舰卸在约500千米以外的图卜鲁克港。

当晚，隆美尔获悉英军正在把第二线的装甲部队全部集中在突破口，准

备做最后的攻击。鉴于抵抗无望，隆美尔遂决定将部队后撤到阿拉曼以西96千米处的富卡，以免全军覆灭。南线兵力撤回到8月底所占阵地，第九十轻装师、非洲军和意军第二十军开始缓慢西撤。与此同时，隆美尔向希特勒报告了撤退情况。

11月3日中午1时30分，希特勒发来电报，制止非洲集团军后撤，要求他们誓死守卫北非沙漠。在希特勒的命令下，德、意军停止西撤行动重新部署防线，准备同英军决一死战。

11月4日晨，德国非洲军同第九十轻装师会合，在特尔曼斯拉构成一道薄弱的环形防线，一直延伸至铁路线以南约16千米处，与意大利第二十装甲军残部连接在一起。南段防线由意军1个师、1个伞兵旅和第十军部队负责防守。

上午8时，经过一小时的炮火准备之后，英军对德、意军防线发起最后进攻，一举突破特尔曼斯拉防线，俘虏非洲军军长冯·托马。意军第二十装甲军也被包围。

经过激战，黄昏时分，第二十军被英军全歼。其间，英军第十三军部队突破南段意军防线，至4日已前进8000米，使德、意军的滨海集团面临被包围的威胁。

11月4日，英军装甲部队抵达其最终目标——战线后方的开阔地。

迫于局势，隆美尔于4日下午15时30分再次下令撤退。撤退时，德军将4个意大利师的淡水储备和汽车全部带走。

11月5日早晨，接到希特勒同意撤退的命令，但为时已晚，富卡防线已无法据守，德军继续向西撤去。

从11月5日起，英国第八集团军开始实施对隆美尔军队的追击行动，中午即抵富卡与德军展开激战。

隆美尔原打算在富卡停留一段时间，以便等待随后跟进的步兵，可是不久，英军一支强大的迂回纵队迅速向德军敞开的南面翼侧挺进。隆美尔担心被包围，当晚便撤向马特鲁，英军继续追击。

11月6日下午开始下暴雨，道路泥泞，补给、油料未能跟上，妨碍了英军的追击行动。

11月7日一整天，英军3个装甲师均未能继续前进。翌日清晨，英军巡逻队进入马特鲁港后，发现隆美尔已于夜间离开，向西撤往萨卢姆。

这样，从1942年11月5日起，英军一路追击退却之敌，一路收复埃及、利比亚失地。

11月10日，英军占领西迪拜拉尼，第二天占领萨卢姆和拜尔迪耶，20日占领班加西，直至1943年1月23日占领利比亚首都的黎波里，迫使轴心国军队退至利比亚——突尼斯边境。

1943年2月16日，隆美尔军队停止撤退，占据突尼斯——马雷斯防线，准备在非洲做最后的抵抗。

英美军歼灭
侵非轴心国军队

经过长时间讨论，美、英于1942年夏达成一致意见：进攻欧洲的时机尚不成熟，战略重心将移至北非地中海战场。为此，美、英确定在同年秋实施代号为"火炬"的北非登陆战役。

此役旨在夺取北非登陆场。然后，美英登陆部队与在埃及和利比亚作战的英国第八集团军协同行动，歼灭非洲大陆上的德、意军队，巩固中东，控制地中海，为然后在意大利和巴尔干半岛的军事行动创造有利条件，并以此减轻德军对苏联的压力。

1942年8月14日，美英联合参谋长会议发布作战指令，正式任命德怀特·艾森豪威尔将军为盟国远征军总司令，美国的马克·克拉克少将任副总司令，史密斯任参谋长。

指令要求：

针对非洲的联合军事作战行动，应根据实际情况尽早实施，其目的在于协同中东盟军完全控制从大西洋到红海的整个北非。

为执行"火炬"计划，盟军动用了13个师，以及300艘战斗舰艇和370艘运输舰，编成东部、中部、西部3个特混舰队。

东部特混舰队，由英国皇家海军载运英军2.3万人、美军1万人，从英国出发前往阿尔及尔；

中部特混舰队，将在英国海军的支援下，从英国运送3.9万名美军部队攻

占奥兰；

西部特混舰队，将直接从美国本土运送3.5万人攻占卡萨布兰卡。夺取上述港口后，后续运输船队将源源不断地运送增援部队和补给品，直至战役完全结束为止。

根据统一指挥原则，盟军总司令艾森豪威尔将军负责指挥"火炬"作战的所有兵力。英国坎宁安海军上将任盟军海军总司令。战役的航空兵保障由英国东部空军司令部和西部空军司令部分别负责，共计1700架飞机。

首批登陆部队为6个加强师，约11万人。根据战役计划，上述兵力于11月8日凌晨在阿尔及尔、奥兰、卡萨布兰卡地区同时登陆。之后，从阿尔及尔上陆的英国第一集团军即直驱突尼斯，抢在轴心国派兵增援之前，夺取整个法属北非。

北非登陆成功与否不仅取决于盟军陆、海军的力量，在很大程度上还取

艾森豪威尔（雕塑）

决于驻守北非的法军将采取何种行动。

1942年11月，法国维希政府驻北非军队拥有500架飞机和14个师20万人。尽管这些部队兵力不多，装备欠佳，但训练有素。另外，在法国土伦和北非各港口还有法国舰队的大量兵力。

只要法军在政治上未被瓦解，并且决心抵抗到底，他们就完全可能阻止盟军登陆。于是，美国积极采取政治攻势，争取法军归附同盟国。

罗斯福政府不顾公众压力，拒绝与维希政府断绝外交关系。美驻法国大使莱希海军上将的主要使命，是使法国反对德国控制法属北非的态度强硬起来。

在预定登陆开始之前两周，盟军副总司令克拉克少将乘潜艇前往北非，在阿尔及尔附近同美国领事馆总领事墨菲和亲同盟国的法国指挥官进行了秘密会晤。

克拉克要求他们在战斗开始时尽力挫败任何抗登陆计划。这些法国人的友好行动为盟军的登陆，特别是在阿尔及尔的登陆创造了一定条件。

登陆前夕，盟军还把法国著名的高级军官吉罗将军接到直布罗陀，准备利用他的威望号召北非法军与盟军合作。然而，预先争取那些操纵海岸炮的法国海军人员的工作却没有成功。

东部特混舰队3.3万人在英国皇家海军少将哈罗德·巴勒的指挥下，11月8日凌晨1时开始在阿尔及尔及其东、西两面，将英、美部队送上岸。登陆部队指挥官是美国查尔斯·赖德少将。

在西面，英军顺利占领滩头；在东面，载运美军的船只被意外的浪潮冲离海岸数海里，在黑暗中造成了一些混乱和耽搁。但天亮后，也很快控制了局势。

由于美国人事先做了工作，盟军登陆时只遇象征性抵抗。他们登陆后迅速向内陆目标推进。许多法国部队，包括两个重要机场的守卫部队，都不加抵抗缴械投降。

与此同时，两艘英国驱逐舰"布罗克"号和"马尔科姆"号悬挂美国

国旗载着一个营的美国步兵，试图夺取阿尔及尔港口，却遭到法军的猛烈抵抗。最初，在夜暗和陌生的水域中，驱逐舰没有找到通往港口的狭窄入口。

后来，这两艘驱逐舰刚一驶近入口，就遭到猛烈的炮轰。"马尔科姆"号受重创后撤出战斗；而"布罗克"号经过4次努力，才冲过交叉火网，靠上码头，将运载的部队送上岸。

在火炮的轰击下，"布罗克"号受创后设法撤离，登陆部队则遭到火力压制，陷入法军的包围之中。

两天后，达尔朗在法国维希政府首脑贝当的秘密认可下，向北非的所有法军下达了停火命令。

中部特混舰队3.9万人由英国皇家海军准将托马斯·特鲁布里奇指挥，11月8日凌晨1时30分在奥兰以东的阿尔泽湾和西面的安达鲁斯实施登陆。登陆部队，指挥官是美国劳埃德·弗雷登德尔少将。

登陆兵出其不意地登上海滩，向预定目标前进，完好无损地缴获了法国的4艘小型舰艇和13架装满燃料和鱼雷的水上飞机。阿尔泽港的守军只进行了一些零星无效的抵抗。

在奥兰以西登陆的部队也未遇到抵抗，顺利上岸。这些装甲部队抢在主攻开始之前，占领了一个重要的机场和一个至关重要的公路交叉点。

上午9时前后，美军按计划从各滩头堡开始向奥兰城进军。至中午，法军宣布投降。

美国海军少将肯特·休伊特指挥的西部特混舰队全部由美国海、陆军组成。该舰队自10月23日起，分批自美国本土汉普顿起航，于8日拂晓前抵达摩洛哥海岸。

由于在夜间行驶，而且航程较远，所以登陆时间比原计划晚3个小时。美军登陆部队在美国乔治·巴顿少将的指挥下分3处登陆，主要登陆点是卡萨布兰卡附近的费达拉，由中路突击舰群担任主要突击任务。另在其两侧各有一个辅助登陆点：北面的麦赫迪耶，南面的萨菲。

根据计划，中路突击舰群的15艘运输舰必须于11月7日午夜成四路纵队

第二次世界大战的转折

锚泊在登陆海滩以北6~8海里的海面上。

靠近海岸的4艘运输舰各运送一个营登陆队。4个营登陆队共计6000人，准备在黎明前实施最初登陆突击。由于天黑，海军人员无经验，以及登陆兵携带装备过多，整个登陆行动动作迟缓，偏离目标，出现混乱。

11月8日晨5时，美军第一艇开始向海滩前进，接着，每隔5~10分钟，第二、第三艇相继跟进。登陆艇开足马力，马达声引起海岸法军炮兵连的注意，他们打开探照灯进行搜索。美军再次发生混乱，部分登陆艇触礁或搁浅，一些士兵落入海中。至黎明时分，3500人登陆上岸。在负责指挥费达拉登陆的乔纳森·安德森少将的指挥下，第一梯队向前推进，并夺取了费拉达城。但滩头阵地翼侧的岸炮连依然掌握在法国人手里，并在早晨6时后不久，突然向登陆部队和驱逐舰开火，法国战斗机也向航空母舰上的美军飞机发动攻击。美舰立即还击。

战斗于中午前结束，美舰无一遭受重创，而法舰除一艘外，全部受到严重破坏。

与此同时，在卡萨布兰卡西南海路150海里处，南路突击舰群在萨菲取得很大进展。当天下午，美军已夺取了登陆突击的全部目标，只损失一艘登陆艇。之后，部队便全速向卡萨布兰卡推进。

北路突击舰群的主要攻击目标是利奥特港飞机场，从护航航空母舰上起飞的一个战斗机大队将从该机场起飞作战，以便为从直布罗陀起飞实施下一步作战的轰炸机提供战斗机掩护。

11月9日起，各路登陆部队开始向卡萨布兰卡进军，次日，包围了该城。美军计划于11日晨从陆上、海上和空中实施全面进攻。

在发动攻击之前，摩洛哥总督诺盖闻讯达尔朗已下令停火，便宣布投降，美军遂占领卡萨布兰卡。

盟军11月中旬占领整个阿尔及利亚和摩洛哥之后，即向突尼斯推进。

尽管意大利人一直担心盟军在法属北非登陆，但德军最高统帅部对局势判断却一错再错，认为盟军不会在的黎波里或西西里岛登陆，进攻法属北非

更不可能，盟军大批船队不过是要增援并补给马耳他岛。

结果，德国人"甚至连做梦也没想到这一点。直至最后一天，我们还认为他们肯定会穿过西西里海峡……后来，他们突然回头驶向北非海岸。"

北非落入盟军之手后，轴心国在非洲只剩下最后一块地盘——与欧洲遥遥相望的突尼斯。鉴于突尼斯具有政治上和战略上的重要性，轴心国决定不惜任何代价扼守突尼斯，并制定了西地中海战略的新基础，即占领整个法国，在科西嘉岛登陆，并在突尼斯建立一个桥头堡。

盟军登陆的当天中午，纳粹德国已迫使维希法国政府接受了它的建议：从西西里岛和撒丁岛提供空中支援，以抵抗盟军在北非登陆。由此，法国在突尼斯的机场全部对德国飞机开放。

11月9日，德军南线总司令凯塞林元帅向突尼斯空投第五伞兵团及其他分队，抢在盟军之前占领了突尼斯城的欧韦奈机场，10日占领突尼斯比塞大的西迪艾哈迈德机场。

11月11日晨，德军执行"阿提拉"计划，占领了法国的未沦陷区。同日，两个意大利师分别由撒丁岛和本土出发，在科西嘉岛登陆。

11月27日，德军为夺取法国军舰，进攻法国南部的港口土伦。在土伦法国舰队司令让·德拉博德海军上将的命令下，土伦法国海军将其舰队的70余艘军舰以及60余艘运输舰、油船等击沉。土伦法军被解除武装。

盟军占领摩洛哥和阿尔及利亚，获得重要的后方基地之后，迅速向突尼斯挺进。11月15日，北非登陆部队英国第一集团军在安德森中将的指挥下，追击德军进入突尼斯境内，占领突尼斯市西北部海岸城市泰拜尔盖。

11月17日，在比塞大以西50千米处，盟军与德军首次在突尼斯交战。德军15000人的快速增援部队和大量飞机，挫败了英美联军迅速夺取突尼斯和比塞大的企图。

12月1日，盟军共有25.3万余人在北非登陆。登陆6天之内，盟军在海上、陆地和空中总共损失2225人，其中死1083人、伤1068人、失踪74人。法国人死亡490人。盟军海、空军共击沉法军驱逐舰9艘、潜艇10艘，其他舰船

14艘。

年底，盟军被迫撤至迈杰兹巴卜一线。至翌年春，由于暴雨不断，道路泥泞，盟军暂停在突尼斯的攻势。与此同时，蒙哥马利指挥的第八集团军也因等待补给而推迟了向突尼斯的挺进。

轴心国乘机向非洲增派兵力，并规定突尼斯轴心国军队司令库尔特·冯·阿尼姆上将的首要任务是，保证隆美尔军队的道路通畅，进而两军配合，共同守住突尼斯。

1943年2月初，轴心国在突尼斯的兵力总数约10万人，其中德军7.4万人，编成德意非洲集团军群，下辖德军第五装甲集团军和意大利第一集团军，共17个师另2个旅。

轴心国军队的防区是以160千米长的一连串防卫哨所连接起来的一个总桥

准备登舰的士兵

头堡。它由包括突尼斯和比塞大在内的两个环形阵地构成，从比塞大以西约32千米的海岸延伸到东海岸的昂菲达维尔，分为北、中、南3个防区，各由一个师防守。防守该桥头堡的德意兵力最后增至25万人以上。

1943年初，同盟国根据卡萨布兰卡会议作出的攻占突尼斯领土、结束非洲战役的决定，任命艾森豪威尔将军为盟军地中海最高统帅部司令，英国亚历山大将军任副总司令，负责地面作战指挥，英国空军中将阿瑟·特德任地中海战区盟军空军总司令，英国海军上将坎宁安任地中海盟军海军总司令。

参加突尼斯战役的盟军兵力是第十八集团军群，亚历山大将军兼任司令，下辖英国第一、第八集团军和美国第二军，共18个师另两个旅。由盟国地中海舰队及3200多架作战飞机支援作战。

1943年2月，隆美尔军队在英国第八集团军的追击下，退守突尼斯的马雷斯防线。第八集团军则开抵马雷斯以南数千米的梅德宁占领阵地。德军趁英军尚未立稳脚跟，于2月14日在卡塞林隘口打败美国第二军的部队。

然后，在3月6至7日又袭击了梅德宁的英国第八集团军，结果被早有准备的英军打败，损失52辆坦克，被迫撤回防线。

此后，隆美尔应召回国，冯·阿尼姆上将接任隆美尔的非洲集团军群司令一职。

1943年3月中旬，盟军恢复在突尼斯的攻势。

根据亚历山大司令的仅作有限进攻，以转移英第八集团军攻击德、意军的命令，3月17日，美军第二军在航空火力准备和炮火准备之后转入进攻，20日，顺利楔入米克纳西地区，成功地牵制了德军第十装甲师。

同日夜，英国第八集团军开始进攻突尼斯南面的门户——马雷斯防线，以便歼灭意大利第一集团军，同英国第一集团军会合。

马雷斯防线是驻突尼斯的法国军队于20世纪30年代末修建的防御工事。它东翼临海，西翼坐落在迈特马泰山，紧挨一片沙漠地，全长32千米，由几十个孤立的小地堡和一些坚固筑垒阵地构成。

防守马雷斯防线的意大利集团军拥有6个，约8万人。德军第十五装甲师

为预备队，拥有坦克150辆、火炮680门。

英国第八集团军进攻部队为3个军，辖6个师另8个装甲旅，有坦克610辆、火炮1410门及22个空军中队支援作战。作战计划规定，第三十军以3个步兵师由正面进攻防线东翼，在近海地区突破防线。此后，第十装甲军通过缺口实施突击。

与此同时，新西兰军从西翼迂回迈特马泰山发动袭击，以威胁守军后方并牵制其后备力量。作战代号"拳击家"。

1943年3月20日晚，英军右翼第三十军在靠近海岸的狭窄沼泽地区首先发起强攻，仅在对方防线打开一个很浅的缺口。次日夜得到增援后，英军重新发动进攻，桥头堡稍有扩大。由于反坦克炮受沼泽地及地雷阻滞，未能跟进，英军前沿步兵阵地在没有充分支援的情况下被德军的反击所摧毁。战斗开始两天后，英军正面进攻失败，撤回出发阵地。

鉴于初战失利，蒙哥马利改变原计划，将作战重点移到内陆翼侧。为此，英军第十军司令部及第一装甲师于3月23日夜穿越沙漠去增援受阻于普卢姆山峡的新西兰军。

同时，印度第四师从梅德宁向内陆侧面挺进，加强对德、意军翼侧的威胁，并开辟另一条冲击线。新计划代号为"增压2号"。

增援部队到达后，英军左翼即于26日下午16时在空中轰炸的掩护下发起闪电攻击。德、意军试图调动其预备部队阻挡英军左翼的猛烈进攻，但为时已晚。

在被合围的威胁下，守军不得不向北撤往瓦迪阿卡里特。3月28日，英军完全占领马雷斯防线，通往突尼斯的道路被打通。

1943年4月7日，英国第八集团军开始进攻退守瓦迪阿卡里特防区的意大利第一集团军，并于同日与美国第二军先头部队会师，将德、意军包围。轴心国军队放弃阵地继续北撤。

1943年4月13日，意大利第一集团军撤至轴心国在突尼斯的最后一道防线昂菲达维尔——蓬德法斯一线。至此，德、意非洲集团军群在突尼斯东北

部只保留一个南北长130千米，东西宽60千米的桥头堡阵地。次日，英军第八集团军开抵昂菲达维尔防线。

4月20日，盟军在突尼斯展开非洲战役最后阶段的进攻，从南面和西面向突尼斯和比塞大方向同时实施突击，占领了重要据点。

5月6日，英国第一集团军在强大的航空兵火力支援下，在突尼斯西线对德国第五装甲集团军发动决定性进攻，突破德军防线，将其残部分割为两部。

5月7日，盟军占领突尼斯市和比塞大，此后，继续向海边进军。轴心国部队撤入邦角半岛，因受到同盟国海军的海上封锁，德、意军既无法继续防御，也无法逃脱。

5月12日，盟军歼灭轴心国残余部队，德、意军总司令冯·阿尼姆被俘。13日晨，意大利第一集团军投降，历时3年的北非作战全部结束。

法西斯轴心国被俘的人数约27.5万人，被同盟国的飞机、水面舰艇和潜艇击沉的轴心国的舰艇达43.3万吨。盟军伤亡7万余人。

3年来，法西斯轴心国在非洲战场总计损失95万人，损失舰艇240万吨、飞机8000架、火炮6200门、坦克2500辆、车辆7万辆。同盟国伤亡约26万人，其中英军22万人、法军2万人、美军1.9万人。

同盟国占领北非，从根本上改变了地中海的形势，为后来在意大利西西里岛登陆创造了良好条件。

盟军夺取
地中海制海权

1942年上半年，地中海形势显然对英军不利。在地中海各条交通线上，轴心国掌握了制空权，英国舰队被挤在东部海域。6月，英国为解救马耳他岛而发起的护航运输行动也告失败，马耳他岛面临被占领的危险。轴心国海上运输线的改善，严重影响到英军在北非的地面作战。

6月底，隆美尔军队追击英军进入埃及，其空军占据的机场距亚历山大仅250千米。

1942年7月，英美两国政府就美国积极介入北非地中海战区的军事行动达成协议，制订了从海上攻入北非的"火炬"行动计划，以尽早占领整个非洲。

同盟国占领非洲的全部地中海沿岸地区的主要目标，是建立海、空军基地网，赢得地中海的制海权，从而迫使意大利退出战争。而达到这一目标的前提是，保证地中海的同盟国海运畅通，并打击轴心国补给线。

两年来的作战已经证明，地中海之战由于远离双方本土，实际上是一场拼实力拼物质的海上补给战。该战以海、空控制权之争为标志，谁掌握制海权、制空权，谁就获胜。

为此，英国与轴心国之间展开了一场决定性的争夺制海权的战争。

1942年春季，英国在地中海拥有各类舰艇61艘，其中战列舰1艘、航空母舰2艘、巡洋舰6艘、驱逐舰27艘、潜艇25艘，分编为3个舰队：驻亚历山大港的地中海舰队，驻马耳他岛的K舰队和驻直布罗陀的H舰队。

意大利总共拥有68艘舰艇，外加德国潜艇20艘。相比之下，英国的海军

实力略为薄弱，主要表现在潜艇方面。但是意大利舰队没有航空母舰。

英国为保证北非作战的胜利，开辟了3条交通线为它在埃及的部队提供补给。

一条是快速护航船队绕道非洲的海运线，全程长达1.16万余海里；另一条是穿越中非，从塔科腊迪越过尼日利亚和法属赤道非洲到埃及的空运航线；还有一条是通过直布罗陀进入地中海的航线，尽管它航程较短，但由于易遭受敌人的攻击，只有在特殊情况下才使用它。

北非轴心国地面部队的补给基地在意大利，向北非运送一次物资只需3天时间。而英国的主要海上运输却不得不绕道好望角，经马达加斯加岛抵达北非，每次航行需3个月。航程虽远，却安全可靠。

1942年4月下半月至11月，从英国运抵印度洋各港口的兵员达33.7万人，其中运到中东的约20万人。

自从日本在太平洋和印度洋发动攻势以来，英国一直担心轴心国会在马达加斯加的迭戈——苏瓦雷斯兴建基地。因为从这个基地上，德国或日本的海、空军不仅可以威胁印度和南非，而且还可以打击驶往埃及的英国运输船队。

马达加斯加是法国的殖民地，但长期以来英国一直不承认维希政府，尤其在法国将法属印度支那转让给日本之后，英国对维希政府更是痛恨。

为防止马达加斯加落入日本之手，英国决定对它发动一次两栖突击，占领迭戈—苏瓦雷斯港。行动代号为"铁甲舰"。

执行"铁甲舰"作战计划的舰艇包括"光辉"号和"无敌"号两艘航

空母舰、"拉米伊"号战列舰、两艘巡洋舰、11艘驱逐舰、大批扫雷艇和驱潜快艇，以及15艘载运陆军的运输舰和攻击舰，其中重型舰只全来自H舰队。

1942年5月5日凌晨4时30分，英军第一批部队开始在马达加斯加岛东北部的科雷尔湾实施登陆。下午16时即占领迭戈——苏瓦雷斯城。

第二批部队在安巴拉塔湾以南登陆，向东部安齐拉纳进军。第二十九旅先头部队在安齐拉纳以南3000米处受阻。5月6日晚8时，在第十七旅的增援下，第二十九旅发起最后一次突击获得成功。

与此同时，英国海军陆战队在法国守军后部实施突袭登陆。

5月7日，法军投降。英军占领迭戈——苏瓦雷斯和安齐拉纳，伤亡不到400人。法国海军损失大部，其中包括3艘潜艇。4个月后，英军再次登陆马达加斯加，占领其西岸港口、马任加及首府塔那那利佛，以伤亡100余人的代价，完全控制了该岛。

其间，英国第八集团军已将隆美尔军队阻止在阿拉曼阵地前，并根据英国首相及内阁的指示，开始补充、整训部队，以迎击德军即将对阿拉曼的进攻，并准备最后的大规模反攻，消灭德、意军的有

第二次世界大战时的舰队

生力量，配合盟军的北非登陆行动。

随着好望角航线的危险被消除，英国对中东的增援迅速得到加强，大批物资、兵力源源不断地运往北非。

1941年12月，希特勒给地中海战区德军下达指令，规定1942年的任务是：

> 取得意大利南部到北非之间的制空权和制海权，以保证通向利比亚和昔兰尼加海路的安全，尤其要压制马耳他，切断敌人经过地中海的交通线以及英国从图卜鲁克和马耳他实施的补给。

该指令同时任命凯塞林元帅为德军南线总司令。此外，德军统帅部将第二航空队派往西西里，旨在协同意大利舰队作战，加强对马耳他岛的攻击，对其实施海、空封锁。

为了夺取地中海的制海权和破坏轴心国的海上运输，同盟国开始向地中海区域调集庞大的海空军兵力。

至1942年10月，英国在地中海的海军力量大大增长，其舰艇比半年前增加近一倍，总数达114艘，其中战列舰3艘、航空母舰4艘、巡洋舰14艘、驱逐舰63艘、潜艇30艘。而意大利的舰艇仅增加10艘，共计78艘。

美国航空兵介入地中海战区，使英国能够充分利用航空母舰的战斗机支援海上作战，并为马耳他岛运送飞机。

10月11日，德、意空军对马耳他岛发起猛烈攻势，企图一举消灭该岛的空军力量。但由于岛上空军力量大大加强，轴心国不得不于一周后放弃了这一企图。

这时，德国海军的基本兵力已集中在大西洋和北极圈区域，对付同盟国的护航运输船队。在地中海战区，德军只留下15艘潜艇，1943年1月后，潜艇继续减少，轴心国主要依靠加强空军与同盟国对峙。

但是，由于德国必须兼顾大西洋及东线战事，同盟国在地中海战区的空

军增长速度要大大超过对方，至1943年初，盟军飞机已达3000架；轴心国仅有1700余架。

这样，随着马耳他岛海空军战斗力的逐步恢复，随着该战区同盟国空军不断增强和德意军不断削弱，轴心国的航运损失急剧上升，10月份损失率已达44％。

运给德军的3.2万吨的补给品，只运到2万吨；对隆美尔军队至关重要的油料，虽装载上船1万吨，但只有4000吨抵达北非。德意非洲集团军处于弹尽粮绝、油料匮乏的困境，而英国第八集团军则得到充足的兵力、装备及物资补给。

在这种两军实力悬殊的情况下，英军向北非德意军发起了阿拉曼战役。战役开始3天后，10月26日，隆美尔寄予极大希望的一支运载汽油和弹药的护航船队被盟军海空军消灭，这对非洲军是一次沉重的打击。

没有汽油，隆美尔便无法有效利用装甲部队实施他所擅长的装甲机动战。他被迫多次放弃反击，最终走向失败。

就在蒙哥马利率部向西追击隆美尔溃军之际，盟军于11月8日出敌不意地实施北非"火炬"登陆战役，获得成功。

11月11日，希特勒下令"抢在敌军从阿尔及尔进入突尼斯之前建立突尼斯桥头堡"。3个德国师和两个意大利师奉命担负此项任务。

为这些部队提供后勤支援的重担理所当然地落在已经不堪重负的意大利海军肩上。11月12日下午，第一支意大利船队抵达突尼斯比塞大港。该船队由两艘运输舰和5艘驱逐舰编成，装载1000名意军和1800吨的军事装备。意海军立即在突尼斯设立指挥部，由此开始了海上补给战的最后阶段。

在该阶段，德、意军完全丧失地中海制海权。

趁盟军主力尚未进入突尼斯、英军仍致力于对利比亚提供补给之机，意海军在11月为先行空运抵达突尼斯的5个师运去的油料、坦克、火炮等补品达3万余吨，另运去部队1.3万余人。德、意军依靠这些兵员、装备，挫败了盟军迅速夺取突尼斯和比塞大的企图。

与此同时，德、意潜艇在北非沿海也异常活跃地打击同盟国的航运。

11月10日，同盟国一艘运煤船和一艘驱逐舰被德潜艇击沉。次日，又有4艘运输船被击沉。

11月中旬起，德国海军组织力量从海上封锁北非的大西洋沿岸地区：在直布罗陀以西展开了25艘潜艇，任务是切断同盟国对已上岸的登陆部队的供应。此外，德军还在西西里岛至突尼斯海岸之间紧急设置两道平行的长120海里的水雷障碍。

尽管采取了上述措施，对盟军的地中海航运并未产生严重影响，截至12月份，盟军在地中海仅损失16艘运输船。

随着昔兰尼加落入英军之手，通往马耳他的交通线也畅通无阻了，该岛被围困的状态终于打破。英军再次加强该岛的作战力量，不仅增加了岛上的潜艇和飞机数量，而且开始派驻水面舰艇力量。

1942年12月起，第十五巡洋舰分舰队、舰队驱逐舰"K"编队和第十潜艇区舰队，开始在那里驻泊。除担任突击任务的巡洋舰和驱逐舰外，在马耳他岛还编组了若干近海舰艇区舰队，由炮艇、鱼雷艇和其他小型舰艇组成。

另一支由巡洋舰和驱逐舰编成的Q舰队，11月13日进驻阿尔及利亚的波尼港，这对于负责向突尼斯守军运送补给的意大利海军是致命的打击。波尼是通向比塞大和西西里海峡的前进据点，在战略上控制着撒丁岛以南的水域。它和马耳他岛一道成为盟军手中用以对付西西里海峡的一把钳子。

在这种态势下，轴心国对非洲的海上补给线实际处于瘫痪。尽管最后的突尼斯之战尚未开始，非洲的轴心国部队已经是气息奄奄。

盟军的注意力很快便从利比亚补给线转向西西里海峡。马耳他岛的空军部队对该海峡实行一天24小时的空中巡逻，以配合同盟国海军阻止轴心国向突尼斯运送援兵，为彻底消灭德、意非洲集团军创造条件。

12月1日夜，驻波尼的英国Q舰队出航，首次袭击一支意大利护航运输船队。这支船队的4艘运输船满载2000名官兵和数十辆坦克及弹药，在5艘驱逐舰的护卫下向突尼斯驶去。Q舰队依靠优势雷达和舰炮，迅速击沉3艘意大利

护航驱逐舰，重创一艘驱逐舰。唯一幸存的意大利驱逐舰见势不妙，丢下运输船队仓皇逃走。意大利船队遭到英国Q舰队的猛烈攻击，无一幸免。英舰未受损失。与此同时，在波尼以北的西西里西面，一艘满载突尼斯守军急需的燃料的意大利油轮被来自马耳他岛的舰队航空兵发现，顷刻间被鱼雷机击中葬身海底。

在随后的两个夜晚，又有4艘意大利舰船被同盟国海、空军击毁。

1942年12月，意大利海军和商船队竭尽全力向其北非部队提供补给，运载的货物总吨位达到最高水平——21.2万余吨。但是，其中至少有6.8万吨被盟军击沉，1.5万吨受到损坏，损失率达40％。其中运往利比亚的物资损失率达52％，运往突尼斯的物资损失率也有23％。

11月至12月份，盟军在地中海击沉德国和意大利的船舶为106艘，总吨位达17.79万余吨。盟军占领阿尔及利亚机场之后，1943年1月，美国斯帕茨将军率美军第十二航空队加入了地中海作战，他们高速低空轰炸的作战技能，给予意大利海军以沉重打击。

至此，盟军在地中海战区已取得决定性的空中优势，作战飞机既可以击沉海上的轴心国船舶，也能对港口和港湾内的敌船实施突击。

至1942年年底，突尼斯的德意军依靠抢运来的补给和有利的冬季雨天，暂时迟滞了盟军的推进。

利比亚的德军军队却处于日暮途穷的境地，该军每月至少需要8万吨的补给，但在12月只得到2.4万吨，最终不得不放弃的黎波里塔尼亚，仅1月份，同盟国空军就出动飞机3000多架次，对港口和公海上的敌国船舶实施突击。

同月，轴心国共出动51艘货船驶往北非，其中11艘被潜艇击沉，4艘被水面舰艇击沉，两艘触上水雷，7艘被飞机炸沉，还有7艘在盟军的空袭下遭重创，损失率高达55％。意大利人懊丧地将通往突尼斯的航线称为"死亡线"。于1943年2月中旬退至突尼斯马雷斯防线，据守着这个突尼斯的门户。

盟军从3月恢复攻势后，决定首先拔掉马雷斯防线这个钉子。其间，盟军海、空军再次发挥巨大的优势，狠狠打击敌补给线及运输力量。

至3月，盟军已拥有大量美国4引擎轰炸机，可以在白天对西西里岛以及意大利和希腊其他滨海地域的运输船只装载点和护航运输船队编组点进行大规模轰炸。在一次袭击中，22架美国"空中堡垒"式飞机将西西里巴勒莫港的4艘运输船击毁。

4月10日，美国轰炸机对停泊在撒丁岛拉马达累纳港的意大利最后两艘重型巡洋舰发起攻击，击沉"的里雅斯特"号巡洋舰，击毁"戈里齐亚"号。

在突尼斯战役初期，轴心国在海上交通线上的平均损失率为25％至30％，4月、5月这最后两个月的损失则尤为严重，高达50％以上。至此，轴心国与其突尼斯守军之间的交通线实际上已被切断。

在这种情况下，德、意非洲集团军群司令阿尼姆上将向希特勒报告了他缺粮少油料的处境。凯塞林元帅也建议放弃突尼斯，将残存部队撤回本土，但是遭到希特勒的拒绝。

为了鼓舞士气，维持突尼斯守军，轴心国统帅部利用所有可供使用的驱逐舰、鱼雷艇以及运输船向突尼斯运送兵员及补给。

4月，被盟军击沉击伤的补给船达60％。就在4月的最后一天，3艘意大利驱逐舰载运军队900人，葬身于大海之中。

4月底，在美国战斗机的有效截击下，轴心国的空运也停止了活动。轴心国不甘心失败，于5月3日夜派出一艘8000吨的大型货船，满载弹药、炸弹和地雷，在一艘鱼雷艇的护卫下向突尼斯驶去。它们在邦角附近被3艘来自马耳他的英国驱逐舰击沉。

5月7日，盟军占领德意军队在北非的最后供应基地——突尼斯港和比塞大港。德意非洲集团军群残部撤往突尼斯北部的邦角，并向总部报告无法再接受船运补给。

然而，希特勒仍要求派船增援。当晚，最后3艘德国货船向邦角驶去。它们平安渡过西西里海峡后却找不到可以靠岸卸货的港口，犹豫徘徊之际被盟军飞机炸成碎片。

在突尼斯战役的最后阶段，盟军统帅部预料敌人将会通过海路或空运从

邦角撤走，于是，同盟国海、空军在德、意军交通线上的作战活动发展成为对海岸的封锁，旨在将轴心国军队全歼在非洲大陆上。

为此，护航运输船队暂时停止开往马耳他岛，也不在近海区内活动，全部兵力集中封锁突尼斯的敌军。在这里盟军首次进行了逼近的紧闭封锁，参加封锁行动的驱逐舰、鱼雷艇和小型舰艇在邦角附近分两线成半圆形展开。

炮舰则向集中在邦角半岛的轴心国军队开火，并压制向实施封锁的舰艇射击的敌炮兵。盟军轰炸机和战斗机对舰艇实施支援和掩护，歼灭机场和空中的敌机，阻止轴心国残余部队乘运输机撤走。

盟军的这一封锁行动，粉碎了轴心国军队从突尼斯撤走的一切尝试。除数百人趁黑夜搭乘小型舰艇逃到西西里岛之外，5月13日，近30万人的轴心国部队向盟军投降，非洲战争胜利结束。

随着整个北非海岸控制在盟军之手，同盟国船运在地中海畅通无阻。尽管德国潜艇仍在暗中活动，但是其数量和威胁都在日趋减少。有时德国空军也袭击同盟国海军，骚扰它在地中海的航运。但是，从1943年5月13日突尼斯的轴心国军队放下武器那一刻起，盟军赢得的地中海制海权再没有丢失，在随后的西西里战役和意大利战役中继续发挥着重要作用。

战场对决

欧洲战场的战略转移

  非洲战争结束后，盟军胜利实施了对意大利西西里岛的登陆作战，进而攻入意大利本土，导致意大利投降。与此同时，美英确定了在大西洋和欧洲的战略计划，保证了大西洋的交通安全。1943年，是美英战略航空兵从协同作战走向联合作战的关键一年，这一年它们实现了对德国的联合战略，彻底摧毁了德军的后方基地，实现了欧洲战场的战略转移。

盟军夺取
西西里岛战役胜利

在非洲战事结束之前，同盟国于1943年1月召开卡萨布兰卡会议，确定下一步战略目标。

军事计划人员认为，可实施突击的地点有两个：一个是西西里岛；一个是撒丁岛。丘吉尔及其参谋长们认为，攻陷西西里将导致墨索里尼政府的倒台，并使意大利退出战争，从而为同盟国在地中海的下一步军事行动打开通路。他们还希望，由此而给轴心国部队造成的打击将促使土耳其放弃中立，加入对轴心国的作战。尽管美国军方人员对此不太热心，但他们也认为，在1944年能够登陆法国之前，欧洲战区的盟军部队不能无所事事，而西西里显然是一个目标。

同盟国领导人一致认为，在轴心国的国土上建立一个立足点，必将大大提高同盟国的士气。因此，会议最终确定西西里岛作为攻击目标，作战代号为"爱斯基摩人"。

计划制订人员认为，战役的成功取决于3个必不可少的因素——制海权、制空权和快速夺取港口。鉴于英国海军在地中海的优势，第一个因素不成问题。

但是，能够得到岸基航空兵充分支援的唯一登陆地点，是在利卡塔和锡腊库扎之间的西西里东南角沿岸地区。该地区仅有3个港口，无法满足攻占西西里岛的大批盟军部队对补给品的需要。

因此，计划人员提出，首先攻占西西里岛上那些盟军战斗机能够实施空中掩护的登陆场，然后建立机场，扩大战斗机的掩护范围。几天之后，再在

巴勒莫和卡塔尼亚的主要港口附近实施登陆。

这个计划遭到亚历山大和蒙哥马利的反对。他们认为，这样一来，轴心国的增援部队可能突破兵力分散的盟军部队。因此，他们要求在西西里岛上能得到盟军战斗机掩护的某一地区，实施一次单一的、大规模登陆突击。

至于后勤支援保障，海军计划人员认为，由于得到了大批新研制的坦克登陆舰和数百辆水陆两用汽车，进攻的陆军部队可以在现有的几个港口的支援下，通过西西里岛东南面的海滩进行补给。

1943年5月初，盟军地中海战区总司令艾森豪威尔将军批准了这个新的大规模登陆突击的计划。

西西里战役计划规定：

> 进攻部队分编为东线英军和西线美军两支部队，分别在西西里岛南部和东南部海岸实施登陆。上岸后向北展开进攻，夺取全岛。

运载这两支地面部队的海军突击兵力是肯特·休伊特海军中将指挥的西部海军特混舰队和伯特伦·拉姆齐海军中将指挥的东部海军特混舰队。

1943年5月19日，亚历山大将军发布作战指令，将西西里战役划分为5个阶段：

> 一是海、空军采取初步措施摧毁轴心国的空军部队及其基地，以确保制海权和制空权。
> 二是在空降部队的援助下，于拂晓前实施两栖突击，确保包括海岸附近机场和利卡塔及锡腊库扎的港口在内的登陆场。
> 三是建立一个宽大的基地，据此夺取奥古斯塔、卡塔尼亚以及杰比尼机场。
> 四是占领上述地区。

战场对决

五是攻陷该岛。

指令要求，英军将全力直抵墨西拿，并控制墨西拿海峡，从而切断轴心国的主要补给干线。与此同时，美军保护其翼侧并占领重要机场。

一旦攻占墨西拿，英、美两支军队即实施机动战，以便使轴心国军队在埃特纳火山以北或以西某地陷入困境，阻止其逃回意大利本土。

在德国军队内部，对1943年德国地中海战略问题存在两种不同意见。

以隆美尔为首的一派认为，意大利人毫无价值，同盟国一旦采取进一步行动，德军应该放弃撒丁岛、西西里岛、希腊大部，以及比萨—里米尼一线以南的所有意大利领土，将节省下来的兵力投入到苏联战场。

德军南线总司令凯塞林元帅则持反对意见。他不愿将这一带的空军基地拱手让与盟军，因为这样一来，德国的工业区和罗马尼亚油田都将暴露于空中打击之下。他相信，意大利人将会为保卫祖国而战，只要有少量的德国部队及装备相助。

希特勒倾向于凯塞林的意见，决心不放弃巴尔干领土。他下令向巴尔干再派驻6个师，从而使那里的驻军总数达到13个师。他在撒丁岛重新组建了第九十师，在西西里重组了第十五装甲师，并向意大利南部派遣了"赫尔曼·戈林"装甲师和第十六装甲师。

美军登陆（雕塑）

　　为防范意大利投降，希特勒命令制订一项计划，必要时解除意大利军队武装，并占领意大利北部的比萨——里米尼一线。

　　驻守西西里岛的轴心国部队为意大利第六集团军，司令是意大利古佐尼将军，辖8个海岸师、4个意大利机械化师和2个德国装甲师，总兵力达27万人，包括战役开始后增援的两个德国师，可用于空中支援的飞机约600架。

　　实际上，德军派驻第六集团军的联络官埃特林中将控制着德国师和古佐尼。此外，戈林也经常直接给他的师下达命令。

　　意大利海岸师装备落后，士气低下，轴心国统帅部不指望他们能抵御盟军的登陆。关键是那6个机动师的部署。

　　凯塞林认为，在盟军登陆部队建立登陆场之际，当地的后备队就应将其消灭在水线附近。

　　埃特林则认为守军在确定盟军的主攻方向后，同意大利后备队一道从中央阵地发起反攻，将其歼灭。为此，埃特林命令，机动师沿直径240千米的西西里岛分散布防，盟军一登陆即对其发起反攻。

　　盟军佯装对特拉帕尼进攻的欺骗计划，促使轴心国进一步分散兵力，将第十五装甲师调往该岛西端。担任西部防御的还有两个意大利机动师，另两个意大利机动师同"赫尔曼·戈林"师一道防守该岛东部。

　　7月10日，德军在该岛的兵力只有约2.3万人，至战役结束前，德军投入西西里防御的总兵力达到6万人。

　　随着登陆日的临近，盟军开始对西西里岛的空军设施及其附近岛屿实施一系列打击，扫清外围。班泰雷利亚岛是意军的飞机和鱼雷艇基地，位于突尼斯和西西里岛之间。

　　盟军为了夺取这一前进基地，在进行了为期10天的轰炸之后，于1943年6月11日在该岛登陆成功，俘虏意军1.1万人，盟军仅损失40名飞行员，不到20架飞机。

　　两天以后，盟军又占领了附近的利诺萨小岛和兰皮奥内岛。至此，盟军控制了西西里海峡的所有岛屿，肃清了轴心国的前哨阵地。

7月3日，同盟国空军开始对西西里岛、撒丁岛和亚平宁半岛南部的机场、港口、潜水艇基地以及工业中心展开猛烈空袭，摧毁许多重要目标，迫使德、意军的远程航空兵将其基地撤至意大利北部。

墨西拿海峡的5艘火车渡轮也被击沉了4艘，西西里岛与意大利本土的联系更为困难。到开始登陆时，盟军在空中和海上均占有绝对优势。

1943年7月9日下午，来自突尼斯、阿尔及利亚、埃及的盟军护航队分别抵达马耳他岛东面和西面的集结地区。但此时的气候急剧恶化，海上刮起强劲的西北风。尽管航行异常困难，突击舰队仍保持基本队形，按预定时间接近指定海滩。

7月10日凌晨2时30分，盟军在英、美军登陆区各空降一个师，拉开西西里战役的帷幕。由于风速过大，导航系统不良，并且缺乏经验，133架滑翔机中有47架坠入海中，大部分空降兵未能在指定地点着陆。

按计划抵达目标区的少数空降兵迟滞了意军后备队向登陆滩头的进军，但未能阻止其行动。

与此同时，盟军两栖突击舰队顺利抵达预定登陆点。在空降兵登陆15分钟后，盟军在黑夜和风暴的掩护下，以首批8个师的庞大兵力在160千米长的西西里海岸线上实施登陆；

蒙哥马利指挥英国第八集团军在锡腊库扎以南登陆，巴顿的美国第七集团军在杰拉湾登陆。

面对盟军的突袭，德、意军海滩防线很快被摧毁。防守海岸的意大利军队几乎未加抵抗便仓皇撤退。这样，防守的担子几乎全部落在德国肩上。

驻守卡尔塔吉罗内四周的"赫尔曼·戈林"师，于第二天早上匆匆赶到美军第一步兵师登陆点——杰拉平原，企图将其赶回大海。

由于海滩拥挤，风浪过大，美军的坦克和大炮尚未起卸上岸。结果，德军坦克从平原上冲杀而下，摧毁了美军前哨，并冲到连接海滩的沙丘地带。

在这紧急关头，盟军海军舰炮以猛烈而准确的炮火打退了德军的攻势。另一支德国纵队和一个"虎"式坦克连对美军第四十五师左翼的威胁性冲击

也被打退。

英军的登陆突击较顺利，未受到任何反击。至7月11日晚，盟军即攻占了纵深5至15千米的两个登陆场，并开始向内陆进军。此刻，阻止岛上的27万轴心国部队逃往意大利本土，便成为取得这次战役全面胜利的关键。

西西里岛东北角的墨西拿，距意大利"脚趾"仅5千米，是德意军唯一的撤退通路。盟军必须赶在轴心国部队之前进抵墨西拿。

英第八集团军挥师北上，7月12日占领重要港口锡腊库扎和奥古斯塔。蒙哥马利遂"决定以极大的努力，从伦蒂尼地区向卡塔尼亚平原突破"，并命令："在7月13日晚上发动一次主攻"。

首先要夺取的重要目标是离卡塔尼亚南边几公里的锡美托河上的普利马索莱桥。为此，英军使用了一个伞兵旅，但是同德军空投到战线后方的一支伞兵分遣队遭遇。

7月14日，德军占领桥梁。英军主力随后开到，与德军进行了3天激战，终于夺回了这座桥梁，并重新打开了通往卡塔尼亚平原的道路。

至7月18日，盟军占领了该岛南部所有地区。

早在7月12日，盟军进攻西西里岛的第三天，德军南线总司令凯塞林元帅乘飞机抵达该岛了解形势。他判断意大利的抵抗已经土崩瓦解，在这种情况下，守住这个岛屿是不可能的。

希特勒获悉后，第二天便亲自接管了西西里岛的指挥权，并发布了一项命令。

命令中说：

> 在大批意军被消灭以后，只靠我们自己的部队把敌人赶下大海，力量是不够的。因此，我们的目的将是阻滞敌军的进展，并把敌军阻止在埃特纳山西侧使其前进不得。

为了展开阻滞行动，德军统帅部向西西里增援了大批部队和坦克、重

炮、飞机，并将岛上大部兵力调往该岛东岸中部的卡塔尼亚城周围，抵抗英军的进攻。其后备部队布满直通墨西拿的东海岸路线上，以掩护该岛通往墨西拿海峡东岸的道路。

7月17日，德军下达了下一步行动的指令：

> 我们不再期望能够守住西西里岛。但重要的是打一场拖延战，以便为稳定大陆的局势争取更多的时间。然而，最重要的是在任何情况下都不得使我们的3个德国师遭受损失。最低限度也要保存下我们宝贵的人员。

根据指令，德军又得到第二十九装甲师和休伯将军统辖下的第十四装甲军司令部的增援，其任务不是确保西西里防线，而仅仅是实施阻击战，并掩护轴心国部队安全撤退。

由于英第八集团军距墨西拿比美第七集团军近，因而轴心国派出了德军精锐部队在埃特纳地区牵制蒙哥马利，轴心国其他部队则纷纷向北面和东面后退，向墨西拿海峡撤去。

轴心国军队在卡塔尼亚南部平原加强防御，第八集团军的进军受阻。蒙哥马利被迫将其主力向西运动，兵分两路实施突击：第十三军直接进攻卡塔尼亚，第三十军向左，从西侧绕过埃特纳火山进行迂回进攻。

按原计划，攻打墨西拿应由蒙哥马利指挥的第八集团军担任主攻，巴顿指挥的美军第七集团军掩护其翼侧，担任支援。但是，英军主力的西调，占据了美军翼侧前进路线。

巴顿遂向盟军地面作战总司令亚历山大请战，要求进攻西端的巴勒莫。获准后，巴顿立即率部向西西里中部猛进，同时在最左翼投入几支机动纵队，沿岛屿的西缘进攻。

7月22日，美军占领巴勒莫，西西里岛西部约4.5万名意大利军队投降。这一胜利大大挫伤意军的士气，他们只剩下墨西拿一个港口了。

与此同时，英军在东、西两侧的攻击均已减弱，部队开始染上疟疾，战斗力下降。而美军攻占巴勒莫后很快于7月31日到达圣斯蒂法诺，主攻任务遂改由巴顿的第七集团军担任。

为堵死轴心国军队的退路，盟军决定于8月1日发动新的攻势，并从北非调来美军第九师和英军第七十八师，总兵力增至12个师。

8月1日，盟军对西西里东北部轴心国防线发动进攻，美军部队占领了该岛北岸的3个重要城镇。

8月5日，英军攻克卡塔尼亚。

8月7日至8月16日，盟军发动4次小规模两栖跃进，试图加速进展，拦截撤退的轴心国军队，但均因动作迟缓，未能收效。

8月17日，轴心国的撤退行动全部结束。在没有遭到盟军海、空军部队严重截击的情况下，越过墨西拿海峡撤往意大利本土的德军3个师官兵共计约4万人，意大利官兵6.2万人；携带装备有：9800辆车辆、47辆坦克、135门火炮、2000多吨炸药、燃料和1.5万吨其他物资。

8月17日晨，美军第三师进入墨西拿。第八集团军一部不久也进抵该城。当天，轴心国在该岛的残余兵力全部被歼。德、意军总计损失约16万人，其中德军1.2万人。

盟军死、伤、失踪人数总计2.2万余人。

同盟国以极小的代价实现了"爱斯基摩人"战役的大部分目标，使同盟国在地中海的交通线安全完全得到保障。这次胜利促使墨索里尼政府的垮台，然而，盟军未能充分利用制空权和制海权，行动迟缓，致使近半数的轴心国军队逃脱。

意大利宣布
无条件投降

　　盟军在北非、地中海战场的一个接一个的胜利，导致意大利国内局势日趋紧张，加速了墨索里尼的垮台。

　　意大利于1940年6月正式参战后，不到半年，公众便对战争产生极度厌恶的心理。意军在希腊和埃及的失败使他们不再信任所谓一贯正确的领袖了。

　　连续3年的战争及其失利，更是让意大利经济濒于崩溃。由于英国对地中海实行海上封锁，意大利长期依赖进口的粮食减少，普通意大利人的面包定量每人每天只有150克，日常生活用品常常只能在黑市上见到。人民生活十分困难，对墨索里尼法西斯政权日益不满，反法西斯和反战活动频繁发生。

　　1943年3月，米兰和都灵爆发了有13万人参加的大规模罢工，要求获得"和平与自由"。伦巴第和热那亚两地的工人立即响应。这是意大利出现的第一次反政府示威，致使军工生产陷于停顿。

　　在法西斯集团内部，也有不少人意识到战争不得人心，并对墨索里尼表示不满与轻蔑。法西斯的头面人物齐亚诺等人在1942年底便打算与同盟国媾和，寻求摆脱战争困境。墨索里尼遂于1943年2月改组内阁，撤销了齐亚诺外交大臣一职和格兰迪司法大臣一职，但仍未能挽救摇摇欲坠的法西斯统治。

　　在对外战争的压力下和国内政治经济危机的冲击下，墨索里尼企图以缩短战线的办法避免战争失败以及随之而来的国内革命。

　　1943年4月7日，墨索里尼在同希特勒的会晤中提出，希望德国与苏联单独媾和，以便腾出兵力增援南欧战线。这一建议遭到希特勒的坚决反对。

　　墨索里尼的退缩心态、双方在巴尔干问题上的尖锐矛盾，以及意大利重

新开始在其阿尔卑斯边境修筑旨在针对德国的工事，令希特勒忧心忡忡，意德关系逐渐恶化起来。

希特勒为防止意大利单独退出战争，加强了对意大利的严密控制，迅速将一大批德军调往意大利。尽管德国就这一举动作了充分解释，仍然引起意大利人的疑心。而意大利的这种疑心，又反过来增加了希特勒对意大利的不信任情绪。

1943年5月中旬，希特勒暗中制定了占领意大利的军事计划——"轴心"行动。

盟军于1943年7月10日进攻西西里岛，意大利本土面临遭到攻击的危险，意大利的失败已不可避免。

3天后，希特勒秘密命令西西里岛的德军指挥官，"悄悄地排挤意大利指挥机构……自己接管西西里岛桥头堡的全部指挥权"，并授权墨西拿海峡德军司令官在万不得已时由德国人占领意大利岸防炮兵连阵地。

7月19日，希特勒同墨索里尼在意大利费尔特雷会晤。希特勒再次给墨索

希特勒和墨索里尼（邮票）

里尼鼓劲，并保证继续向其提供援助。尽管墨索里尼赞成顾问们提出的意大利不能继续打下去的意见，但他又不敢对希特勒当面提出，特别是背弃德国人就意味着投降或法西斯主义的灭亡。

就在同一天，来自北非和中东的美国第十九航空队的500余架轰炸机首次轰炸了罗马。投弹1000吨，炸死约2000人，城市重大建筑物圣洛伦佐皇宫也遭巨大破坏。这次轰炸对意大利冲击极大。

意大利法西斯的其他领导人越来越清楚地认识到，必须除掉墨索里尼。在以罗伯托·法里纳契为首的法西斯头目的提议下，7月24日，意大利"法西斯大委员会"举行会议。

会上，墨索里尼作了关于国内形势、前线局势以及同希特勒会晤结果的报告，随后受到法西斯同党的尖锐批评。经过长达10小时的辩论，由反对党领袖之一格兰迪起草的决议案提交大会表决。

该议案要求墨索里尼全部交还篡夺的由法律和宪法规定属于国王、议会、大臣和大委员的合法权利，将全部军队交由国王指挥，并向国王提出寻求一项更可行的政策，使意大利免遭进一步破坏。

7月25日，墨索里尼晋见国王，要求国王惩处那些投票反对他的人，任命一批新大臣，并将战争继续下去。可是国王表示，鉴于战争已失败，军队士气低落，墨索里尼已成为意大利人最痛恨的人，因此必须辞职。他已任命巴多格里奥元帅接替首相职务。墨索里尼离开国王后即被逮捕，监禁在马达莱纳岛。

7月26日，巴多格里奥组成摒除所有法西斯领导人的新内阁，拉法埃莱·瓜里利亚任外交大臣。意大利新政府解散了法西斯党，宣布全国戒严，禁止一切政治集会。持续21年的意大利法西斯统治就此宣告结束。

墨索里尼垮台以后，意大利巴多格里奥新政府为避免德国占领罗马进行报复，一方面声称意大利仍是德国的一个"积极的盟国"，战争将继续下去；另一方面，又想在不蒙受正式投降耻辱的前提下，秘密寻求退出战争的途径。

1943年7月底，意大利新政府询问英国驻梵蒂冈公使和罗斯福总统派驻教皇处的私人代表，能否向各自的政府转交意大利秘密媾和建议书。由于当时尚不了解巴多格里奥政府的真实意图，美英两国拒绝了这一试探。

8月15日，意大利总参谋长安布罗西奥将军的参谋长朱塞佩·卡斯泰拉诺将军，前往西班牙拜访英国驻马德里大使，交给他一封巴多格里奥元帅的信。

信中表明意大利愿意无条件投降——如果意大利能加入同盟国的话；盟军一旦在意大利本土登陆，意大利政府立即准备加入同盟国对抗德国。

鉴于意大利新政府有投降意向，8月18日，正在魁北克举行会议的罗斯福和丘吉尔，命令艾森豪威尔派遣其参谋长美国沃尔特·比德尔·史密斯将军和盟军地中海司令部情报处处长英国肯尼思·斯特朗将军，前往葡萄牙里斯本与意大利特使卡斯泰拉诺将军开始谈判。

他们带去了在魁北克会议上经过充分讨论后决定的军事投降条件：

包括意大利立即停止军事行动；海军和空军撤往盟军指定的地点并接受同盟国的指挥；立即撤回在国外各战场作战的军队；盟军有权使用意大利的机场和军事基地。

8月19日，双方在葡萄牙首都的英国大使馆会晤，同盟国代表递交通牒并通知卡斯泰拉诺：艾森豪威尔将军将按照现在交给他的这些条件，接受意大利政府的无条件投降。意方代表得到10天的期限，以便将此决定通知意大利政府。

8月31日，史密斯将军在西西里岛再次会见卡斯泰拉诺。后者表示，由于意大利处于德国控制之下，停战不可能在同盟国要求的时间，即盟军完成登陆意大利以前宣布。在遭到同盟国拒绝之后，卡斯泰拉诺当晚即返回罗马请示其政府。

9月3日下午，在西西里，盟军代表史密斯将军和意大利代表卡斯泰拉诺

将军经正式授权，签署了短期停战协定，生效日期为萨莱诺登陆日。届时，意大利将宣布投降，退出战争。

这样，盟军进攻意大利本土的一个主要目的——将意大利逐出战争，在攻击开始之前就已达到。

希特勒对意大利新政府有可能与同盟国媾和并背弃德国，已有所预料，并且及时采取了对策。

7月26日，墨索里尼倒台第二天，德军最高统帅部即命令原拟赴希腊担任指挥任务的隆美尔"在阿尔卑斯山集结部队，并做好进军意大利的准备"。

8月16日，希特勒命令隆美尔及其总司令部越过边界，进入北意大利，借口是：减轻意大利人保卫北部领土的重担，以便他们增援南部，因为盟军随时会在南部登陆。尚未公开倒戈的意大利政府对此无法加以拒绝。

就这样，9月初，隆美尔率领的8个德国师便在意大利的阿尔卑斯山边疆境内站住了脚，有力地支援了南部的凯塞林部队。

到9月3日意大利签署无条件投降书，意大利境内共有德军16个师，分为驻北部的B集团军群和驻中部、南部的C集团军群。

两个集团军群都担负两项任务：

一是，一旦意大利投降，两个集团军群便解除附近的意大利部队的武装并夺取其装备；二是，集团军群负责保持阿尔卑斯隘道畅通，使凯塞林的部队不致陷入包围，集团军群则负责击败盟军的登陆。

根据西西里岛反击战的经验，凯塞林确信，必须在盟军登陆过程中或在内陆，在其舰炮射程之外击败盟军的登陆行动。因此，他将部队部署在盟军最有可能登陆的海滩周围。

如果水际防御失败，便横跨意大利半岛布置一系列防御阵地进行抵抗，直至德军完成兵力集结，发动反攻。可是，如果意大利人倒向盟军，德军将

无法阻止盟军强大的登陆行动，在这种情况下，凯塞林计划将部队撤至比萨——里米尼一线。

驻守意大利南部的兵力为德军C集团军群所属第十集团军，司令为冯·菲廷霍夫·谢尔上将。除去对付意军的部队，该集团军仅有6个师用于阻止盟军登陆。

其中，"赫尔曼·戈林"师和第十五装甲师从西西里岛撤回后，正处于重新组建与训练阶段。第十四装甲军只有一支部队达到满员标准，部署在萨莱诺湾周围的小山上。

"赫尔曼·戈林"师能投入战斗的兵力只有5个营和1个连。此外，德军仅有120架歼击机和50架歼击轰炸机掩护意大利中部和南部。

1943年9月3日凌晨4时30分，在海、空军的火力掩护下，英国第八集团军部队实施"湾城"行动，在卡拉布里亚雷焦地域顺利上岸，未遇抵抗。第五师沿西海岸推进，加拿大第一师沿东海岸推进，一路无阻。

当晚，英军主力部队占领雷焦、卡托纳和圣乔瓦尼，7天内推进160千米，于9月10日到达卡坦扎罗一线。

由于兵力不足，凯塞林无法阻止蒙哥马利的部队从意大利"脚趾"部向北推进，同时他也判断出"湾城"行动是支援作战，因此只派出两个师对英军进行阻滞战，用其余的师保护罗马和那不勒斯地区。

凯塞林命令驻守在萨莱诺的第十六装甲师的大部兵力和一个伞兵团在登陆地区及其后面构筑工事，在海滩上敷设了地雷和铁丝网，在萨莱诺湾布设了水雷，从山上直至海边都部署了火炮，此外还部署了坦克，以进行反突击。

凯塞林还拟定了迅速向萨莱诺调集兵力的计划，准备在南部做持久抵抗。然而，隆美尔却主张放弃意大利南部和中部，而在波河流域南面的亚平宁防线上作最后的死守，因为这条防线缩短了海岸防线，守方据此可以以少胜多。

希特勒折中地采纳了隆美尔和凯塞林的建议，命令凯塞林在意大利南部

进行抵抗，但又不给他调派足够的兵力来防守萨莱诺和那不勒斯，从而影响了凯塞林的反击准备工作。

9月3日至6日，参加萨莱诺登陆突击的各部队分别从奥兰、阿尔及尔、比塞大和的黎波里出发，并在西西里以北与从巴勒莫和特尔米尼出发的部队会合，然后于9月8日向萨莱诺驶进。

9月8日下午18时30分，当盟军的北部和南部突击部队沿两条平行线抵近萨莱诺湾时，艾森豪威尔将军通过无线电广播了停战通知，宣布意大利无条件投降：

意大利政府已经命令其军队无条件投降。联合国家和意大利武装部队之间的敌对行动立即终止。现在，所有采取行动把德国侵略者从意大利国土上驱逐出去的意大利人都将得到联合国家的援助和支持。

约两小时后，意大利政府首脑巴多格里奥元帅通过罗马电台宣布了停战宣言。意大利与同盟国的停战协定公之于世之后，德国即付诸实施数周前准备的"轴心"方案：解除意大利军队的武装，接管意大利的所有政权机构和通信设施。该方案规定：

击败意大利摩托化军，将在意大利本土、法国南部的意军和东南欧的意军解除武装、俘虏或解散，然后占领罗马，并向意大利增调10个德国师。

9月8日夜，德军开始包围罗马。意大利政府及王室乘两艘驱潜快艇离开罗马。

9月10日，德军在与意军进行小规模短促战斗之后占领罗马，并接管梵蒂冈城。德国宣称，意大利北部、法国南部和巴尔干国家的意大利部队已经投

降。同日，意大利政府及王室成员到达盟军占领的意大利布林迪西地区，迅速成立起反法西斯的意大利政府机构。

两天后，德国伞兵小分队在党卫队的奥托·斯科尔兹内上校的指挥下，搭乘运输滑翔机在意大利阿布鲁齐山脉大萨索峰顶的旅馆附近降落，救出被拘禁在那里的墨索里尼。看守墨索里尼的250名意大利宪兵数分钟内全部投降。

9月14日，墨索里尼在拉斯腾贝格"狼穴"大本营与希特勒会面，充当了设在意大利北部的傀儡政府首脑。

萨莱诺盟军登陆兵力为克拉克将军指挥的美国第五集团军，下辖美军第六军和英军第十军。登陆正面宽约96千米，包括萨莱诺及其以南和以西海湾沿岸地区。

9月9日凌晨3时30分，萨莱诺之战开始。

盟军第一梯队3个步兵师分两路行动。北路英军主要登陆地点在萨莱诺以南数公里的海滩。登陆伊始即遭到德军的猛烈炮击。尽管有盟军舰炮的火力支援，第一登陆突击波仍遭到德军顽强抵抗。

第一天内，先头部队向内陆推进了3千米，但伤亡重大，未能占领预定第一天要攻占的主要目标——萨莱诺湾、蒙特科维诺飞机场以及公路的交叉要道。

南路美军在佩斯通附近的4个海滩上实施登陆。在没有舰炮和飞机火力支援的情况下，部队冒着德军的猛烈炮火靠近海岸，首批突击波的部队绕过德军的坚固阵地，在指定的会合区集中。接着，水陆两用载重汽车把榴弹炮和弹药运送上岸。

陷入德军火网之中的登陆部队用这些武器在直射距离上抗击着德军的坦克和步兵。

中午，尽管个别海滩已被德军的火力严密封锁，但美军还是在其登陆地段建立了一个尚不稳固的立足点。

傍晚，美军左翼向内陆推进约8千米，右翼仍被阻于海滩附近。虽然第五

集团军在头一天占领了所有预定的海滩，但在南、北这两个登陆地段的登陆场仍然极不稳固。

次日凌晨，英军第五十六师占领机场及公路交叉点，德军第十六装甲师遂将其大部兵力向北调往英军战区。美军趁机扩大桥头堡，并以预备部队第四十五师大部登陆。

在盟军的舰炮和飞机的火力支援下，9月11日黄昏前，美军第三十六师向前挺进了15千米，英军的几个师占领了萨莱诺及其以南沿岸地带。

德国人发现盟军的支援舰艇发挥了重大作用，立即将空中攻击的重点转向军舰，炸伤盟军战列舰和巡洋舰各一艘。

9月12日，第五集团军的登陆场稍有扩大，但尚未达到规定的范围。同时，已登陆的盟军4个师仍被遏制在两个纵深浅近、彼此隔开的滩头堡。原计划第三天到达那不勒斯的希望落空了。

至此时为止，已有5个德国师到达萨莱诺地区，他们集中了600辆坦克和机动炮，准备沿着盟军登陆地段的分界线——塞莱河向下游实施全面反击。德军的企图是对第五集团军分而歼之，各个击破，先集中力量攻击一个登陆地段，然后再攻击另一个登陆地段。

9月13日，得到增援的德军发起强大反攻，冲进美、英军之间的缺口，将其截为两部，迫使盟军退至离海岸3公里以内的地方，处境极为危险。

克拉克将军不得不要求休伊特拟订一个后撤北部盟军部队或南部盟军部队，并重新实施登陆的计划，同时要求盟军统帅部予以增援。

为保住登陆场，盟军立即采取紧急措施，火速增援岸上部队。盟军向登陆场空降了美军空降兵第八十二师。

9月14日，盟军地中海战场所有飞机出动轰炸德军及其运输线。同时，10多艘军舰发射的猛烈而准确的炮火有效阻止了德军向海滩推进。

9月15日，盟军部队已巩固了自己的阵地。

9月16日晨，德军集结兵力分两路对英军战区再次发动攻势，企图扭转局势，遭到盟军火炮、舰炮、坦克和飞机的猛烈袭击，损失惨重，反击遂告失

败。同一日，追击德军部队的英国第八集团军部队在萨莱诺西南60千米处与美国第五集团军会师。至此，盟军第十五集团军群在亚平宁半岛构成了一条统一的战线。

凯塞林认识到，重新夺取登陆场代价太大，德军也没有足够的兵力兵器继续抵抗，遂决定放弃萨莱诺和那不勒斯，向北撤至沃尔图诺河后面的一条既设防线。

在实施萨莱诺登陆战的同时，英国第一空降师奉命占领塔兰托港，向福贾方向攻入意大利半岛的"脚跟和小腔部分"。

9月9日下午，英国第一空降师6000人搭乘英国军舰，在两艘英国战列舰和一个驱逐舰中队的掩护下，经扫过雷的海峡向塔兰托疾驶，顺利驶进东面的意大利海军基地塔兰托港上岸，占领了这个可供一个集团军使用的头等海港及其附近的各个机场。之后，英军越过意大利东南部，向北方福贾地区的重要机场进军。

与此同时，意大利舰队根据停战协定，逃离热那亚、拉斯佩齐亚和塔兰托等地，于9月10日抵达马耳他，正式向英国地中海舰队司令坎宁安海军上将投降。

9月29日，艾森豪威尔将军同巴多格里奥元帅在马耳他英国"纳尔逊"号战列舰上，签署了全面的意大利投降书。

在9月3日签订的停战协定基础上，投降书进一步规定了"意大利应遵守的其他政治、经济和财政性质的条件"。投降书条款规定，扩大同盟国在意大利的权利，将意大利领土上的一切物质财富置于同盟国控制之下。

在同盟国的要求下，10月13日下午15时，意大利巴多格里奥政府对德国宣战。英国、美国和苏联三国政府发表《联合宣言》：

承认巴多格里奥元帅所声明的意大利王国政府的立场，并且接受意大利国家和武装部队的积极合作，将它们看做在对德战争中的一个共同交战国。

德军在撤退时破坏了那不勒斯港及其城市，然而，同盟国海军很快疏通了那不勒斯港，支援陆军通过了萨莱诺海滩。

10月1日，第五集团军进入那不勒斯。

10月3日，盟军沿东海岸对北面80千米处的泰尔莫利发动突击，从而牢牢控制了福贾地区的所有机场。这些机场成为同盟国空军从南欧出发，对欧洲的德国占领区实施战役空袭的主要基地。

凯塞林尽管下令北撤，但仍向希特勒表示，他能够在罗马以南地区有效地进行阻滞战，并要求批准他构筑一条"冬季战线"，这是从罗马以南地区横贯亚平宁半岛最狭窄处的一连串防御阵地。

鉴于迟滞盟军进攻意大利的行动有效，希特勒同意了凯塞林的要求，于10月1日命令在未来数月坚守罗马以南防线，而不是继续北撤。

10月6日，盟军抵至沃尔图诺河至泰尔莫利一线。对德军来说，这里只是一条临时防线，他们正准备在北部地区组织更坚固的防御。在10月一整个月和11月的前两个星期，德军一边进行后卫战斗，一边后撤至那不勒斯西北40千米处的"冬季防线"。

11月15日，亚历山大将军鉴于部队打得太艰苦，命令盟军暂停进攻。意大利战局陷入僵局。

至此，盟军已攻占了意大利南部，夺取了一系列重要的港口和机场，从而能迅速提供兵力及补给，为后来占领整个意大利创造了有利条件。

英美掌握
大西洋战场主动权

1941年12月美国对日本宣战后，希特勒改变了避免公开对美国采取军事行动的政策。

12月9日，德国海军作战部取消了关于有克制地对付美国船只的决定，不再限制针对美国商船和军舰的一切行动，允许潜艇在西经26度范围以外的大西洋任何海区，包括泛美安全区内搜索和攻击所有目标。从此，德国海军在大西洋交通线上开始了无限制的潜艇战。

德军统帅部认为，美国参战必然会大大增强同盟国的战争力量，然而，德国海军只要不断打击同盟国至关重要的大西洋海上运输线，就可削弱其战争力量。而达到这一目的的最有效的手段则是潜艇。

基于这一认识，德军统帅部决定：

1942年以后的海军作战，应不断加强潜艇进攻，消灭穿梭于大西洋上的同盟国护航运输队，制止盟军兵员与装备的增长。

据此，德国海军进一步规定，潜艇舰队的主要任务是从事"吨位战"，尽可能利用潜艇作战的有利条件，在最短期间内使同盟国在船舶吨位上的损失超过其造船吨位，以达到削弱同盟国运输能力、瘫痪其海上运输的目的。

基于上述考虑，德军统帅部和德国海军计划扩大大西洋的作战区域。

1941年12月12日，德国决定发动"击鼓"战役，派遣潜艇深入美国沿岸发动袭击。

为了满足不断扩大的作战需要，德国进一步加紧潜艇的制造与部署。

1942年1月，德国海军拥有260多艘潜艇，其中参加作战的100艘潜艇中有约50艘集中在大西洋战场。

至6月，德国海军潜艇总数增加到330艘，投入大西洋交通线上的潜艇近100艘。此时，德国每月可平均生产18.5艘潜艇，超过了月平均损失7.1艘的数量。

德国海军计划年底将服役潜艇增加至400艘。同时，德国潜艇质量也不断提高，以燃气轮机为动力的"瓦尔特"新型潜艇试验成功，水下时速可达23海里。潜艇还装备了ＴＳ式电动和自导鱼雷。

1942年3月，德国开始使用被称为"乳牛"的大型输油潜艇，在海上为潜艇加油。这种输油潜艇载油430吨，可使12艘中型潜艇在海上逗留的时间增加4个星期，或使5艘大型潜艇的逗留时间增加8个星期。有了这种"乳牛"，德国潜艇可以深入大西洋的任何海区，作战能力和参战率均有较大增长。

大西洋海上交通线是同盟国的生命线。保证这条交通线的畅通，在同盟国的战略计划中占有极重要的地位。它关系到英国的生存安危，也关系到在欧陆直接反击德国的进攻战役能否成功。

但是，至1941年年底，这条运输线的状况非常糟糕。

由于德国实施海上破交战，英国物资进口量开始急剧下降。

英国海军大臣达德利·庞德海军上将惊呼："如果我们在海战中失利，我们就将输掉整个战争。"

1941年12月22日至1942年1月14日，美英召开阿卡迪亚会议，在"先欧后亚"战略的指导下，确定了1942年在大西洋和欧洲的战略计划，规定首要任务是集中主要力量保证大西洋的海上交通。

美英在阿卡迪亚会议后，及时调整了各自国内的体制和政策，加快了合作步伐。美国调整了国家军事指挥机构，成立了与英国参谋长委员会相对应的参谋长联席会议。

1942年2月6日，在华盛顿成立了美英联合参谋长会议，负责制定和指导

美英联盟大战略，从而奠定了美英在大西洋战场联合作战的坚实基础。

与此同时，美国海军进行了改组，金海军上将接任海军作战部长、尼米兹海军上将接任太平洋舰队司令、英格索尔海军上将接任大西洋舰队司令。

鉴于海军作战部长和美国舰队总司令职责分工混乱，1942年3月，罗斯福总统将两个职务归并，由金上将统一指挥。

海军作战部把原属行政机构的海军军区，改组成作战指挥机构海疆司令部，指挥在各自管辖海区内的作战，设立了东部海疆司令部、墨西哥湾海疆司令部、加勒比海海疆司令部、巴拿马海疆司令部等。此外，美英还将1942

战列舰 ⬇

年保护海上交通的主要任务确定为消灭"空白点"，即对大西洋上未曾顾及的海区实施经常性巡逻，为此，调来了护航航空母舰。

为加强对德国潜艇的作战力量，美英两国的工业体系大规模转向制造用于反潜作战的舰艇和飞机。但由于生产周期所限，这些武器装备在1942年底以前尚不能大量投入战斗。

因此，1942年夏季，同盟国能用于大西洋反潜作战的兵力尚嫌不足，计有美国护航航空母舰1艘、舰队驱逐舰和护航驱逐舰183艘、猎潜艇33艘；英国舰队驱逐舰和护航驱逐舰205艘、护航舰91艘、猎潜艇200艘；美国潜艇39艘，英国潜艇61艘；英国岸基航空兵飞机540架，美国作战飞机100架。

尽管同盟国将大西洋作战列为1942年作战计划的重点，并采取了一系列措施，但由于美、英国内各自存在一些问题，双方未能及时进行有效的合作。

1942年，正值英国针对苏德战争、太平洋战争的爆发和美国参战的形势，调整和改组国家战时体制的转换阶段。

英国内部海军和空军为飞机的分配问题发生激烈的争论，国内"对空军的潜力估计过高"，导致把海防司令部所属轰炸机都调给空军，新飞机也全部分配给空军，海军航空兵为即将服役的31艘护航航母争取战斗机大费周折，明显地影响了海军在大西洋的作战。

2月中旬，德国海军大型水面舰艇编队突破英吉利海峡的作战，"充分暴露了英国皇家海军航空兵突击力量的效率低下"。

另外，美国为英国建造的新的快速护航舰只迟迟不到位，也导致了英国海上的护航舰只比较缺乏。

美国虽然参战，并且同意在大西洋战场投入海军主要兵力承担护航责任，但是珍珠港的灾难性打击，德国潜艇在美国海岸的威胁，牵制了美国海军主要力量，它不得不把护航舰艇和飞机集中到本国沿海地区。

事实上，战争初期，美国国内并没有完成全面战争准备，战时体制刚刚建立，军队的统一指挥问题尚未彻底解决，海军对"先欧后亚"战略"不是

全心全意地表示赞同"。

海军指挥体制重叠，海军战略、战役指挥编制内均未设置反潜机构。在东部海疆区尚未组织好对潜防御，沿岸和商船没有实行灯火管制，配置在各海疆军区和基地的海军轻型兵力数量有限，没有进行保护海上交通线的演练。

总之，处于调整阶段的美英海军在大西洋战场并不占据优势，双方在战略相持条件下，围绕交通线上的制海权展开了激烈的争夺，同盟国付出了巨大的代价。早在1941年12月9日，德国向美国宣战后，德国海军开始向美国沿海发动"击鼓"战役。1942年1月，德国5艘"王牌"潜艇从比斯开湾出发，横渡大西洋，开始对美国哈特拉斯角至圣劳伦斯湾之间航运展开"重点打击"。企图瘫痪北美大西洋沿海的交通线，减少运往美国东海岸工业区的石油和其他原料，逐渐向墨西哥湾和加勒比海渗透，使同盟国的护航兵力达到最紧张的程度，消耗其商船吨位70万吨以上，以迫使同盟国妥协。1月12日，德国潜艇"U—123"号在科德角以东300海里处用鱼雷击沉英国客轮"赛克皮洛斯"号；14日，德国潜艇在哈特拉斯角击沉巴拿马油船"诺内斯"号；15日，击沉英国油船"科因布腊"号；18日，击沉美国油船"阿兰·杰克逊"号；19日，击沉加拿大3艘商船。随后，德国又向美国海域派出3艘大型潜艇，从亚速尔群岛方向也抽派7艘潜艇前往作战。它们在纽芬兰、卡罗来纳角、布雷顿角等海域都实施了单艇机动作战。黄昏之前，潜艇一直潜伏在近海水域，黄昏之后，便半露于水面向目标接近，以鱼雷和炮火攻击目标。德国潜艇日益大胆的作战行动，严重破坏了同盟国的海上交通线，同盟国商船损失惨重。

1月份，德国海军出动54艘次潜艇，先后击沉同盟国运输船23艘14万吨，2月份击沉10.3万吨，3月份击沉15.9万吨，而德国则没有一艘潜艇被击沉。美国海军自己也承认，1942年德国潜艇在大西洋沿岸给美国造成的损失等于破坏了6个大规模军事工厂。

巨大的损失震动了美国、英国和加拿大。

　　3月，美国海军总司令部成立了防潜处，负责全面的防潜工作，加强对防潜人员的培训和防潜武器的研制。4月1日，东部海疆区建立起局部护航体系。在沿岸交通线上，以现有的护航兵力白天为运输队护航，夜晚在港口或隐蔽锚地进行警戒，以交接形式把运输队一站一站地护送到目的地。

　　由于有了新建造的和退役后又重新启用的驱逐舰，以及从北大西洋护航队和大西洋舰队抽调的护航舰只，5月份，美国大西洋舰队司令英格索尔和东部海疆区司令安德鲁斯组建了一批实力较强的沿海护航队，沿岸19个机场300多架飞机也投入反潜作战。5月中旬，又成立了隶属海军总参谋长的护航航线处，在整个东海岸建立起完整的护航体系，并很快扩大为近海护航体系，对护航运输队实施空中掩护。从5月下旬起，美国海军基本上保障了关塔那摩——哈利法克斯、纽约——基韦斯特、纽约——哈利法克斯航线的安全。

◆ 横行大西洋的潜艇

从5月开始，德国海军潜艇舰队司令邓尼茨把潜艇游猎区转向墨西哥湾和加勒比海。在这些海区，美国尚未建立起有效的护航体制，5月份，被德国潜艇击沉41艘船只，共22万吨。

1942年6月，德国潜艇在墨西哥湾和加勒比海击沉的船只比每月在北大西洋所有战区击沉的还要多。

7月，美国海军把护航体系扩大到墨西哥湾和加勒比海域，并开辟了4条新航线。德国一部分潜艇又转向巴拿马至里约热内卢海域袭击同盟国交通线。邓尼茨将第一批新型"乳牛"级1700吨的补给潜艇也投入这一海域，延长了潜艇在这些海域的作战时间。

8月中旬，10艘德国潜艇进入巴西海域，"U—507"号潜艇在巴伊亚附近海域击沉5艘巴西货船，巴西政府遂于8月22日对德国宣战。

同盟国向南美海域扩展护航体系显得更为重要。于是美国对近海护航体系进行了重要改组，决定由南大西洋舰队组成护航兵力，建立起健全而灵活的分段护航体制。

邓尼茨认识到德国潜艇在美洲海域的第二个"快乐时光"已经结束，下令潜艇重返北大西洋。

同盟国在大西洋的交通线分西段、中段、冰岛段、东段等4段护航。由于缺乏护航加油船和护航舰艇，护航舰只在整个航线上需要替换两三次。而且，快速护航运输队和慢速护航运输队以及进行分段护航，需要78艘驱逐舰和156艘驱潜快艇，其他战场也需要大量护航舰只。

但1942年同盟国造船业仍不能满足对护航舰艇的要求，因此，北大西洋航线上的运输队往往得不到充分的护航。

7月19日，邓尼茨下令把作战重点转移到北大西洋。在该海域，德国海军采取了不同于北美洲和中美洲的潜艇战术。

由于北美洲和中美洲海域的作战距离较远，补充较难，靠近同盟国海岸，海区情况复杂，不宜集中使用大批潜艇，因而，德国海军采取的是单艇机动攻击战术。而北大西洋的海域辽阔，同盟国运输船队在海上滞留时间较

长，便于德国潜艇集结隐蔽和发动连续的集团攻击。

因此，德国海军在北大西洋作战中采取了所谓"狼群"战术，即在同盟国运输船队可能经过的海区，集结多艘潜艇设伏，发现目标即咬住不放，群起攻击，直至运输船队全军覆灭或进入同盟国反潜力量较强的区域为止。

此时，德国已具有较大兵力实施这种战术。邓尼茨手中拥有300多艘潜艇。

9月，德国在大西洋参战的潜艇第一次达到100艘，在作战海域的潜艇由原来的20至30艘增至40艘，组成艇群部署在北大西洋中部"黑色陷阱"的东西两端，建立起一两道巡逻线，彼此相距50至100海里。

担任侦察的各艇间距30至40海里，几乎等于潜艇发现护航运输队距离的2倍。一旦中央巡逻线发现目标，就可以迅速集中15至20艘潜艇，给同盟国护航运输队以沉重打击。

1942年9月，德国由10至12艘潜艇组成侦察队和18至20艘潜艇组成突击队在北大西洋活动。

9月11日，侦察队中的"U—133"号潜艇发现同盟国护航运输队，进行尾随跟踪，并通过岸上潜艇指挥部不断地把护航运输队的情报发给突击部。黄昏后，五六艘潜艇迅速向护航运输队集中发起鱼雷攻击，一直持续到第二天拂晓。如此，连续3个夜间进行了攻击，直至护航运输队进入英国沿岸的防潜区为止。

1942年8月至10月，同盟国被潜艇击沉的运输船平均每月在50万吨以上。

随着德国服役潜艇总数的增长，艇群袭击同盟国护航运输队的活动也更为猖獗。它们把主要注意力放在缺乏空中掩护的北大西洋中部，在冰岛与亚速尔群岛之间和冰岛与纽芬兰之间加强了突击艇群和侦察队的协同作战。

1942年，同盟国共损失近2000艘船只，其中被潜艇击沉1160艘。而在该年，同盟国仅有700万吨左右新船服役。

1943年初，英国海军增加护航舰艇数量，油船开始随运输队航行，随时

给护航舰加油。

1月下旬，德国海军攻击"NX—224"号护航运输队和"SC—118"号慢速护航运输队，都取得成功。但1月份，同盟国被潜艇击沉的运输船吨位下降到20万吨。2月下旬，德国潜艇群对"ONS—166"号运输队进行了一次潜艇战，击沉运输船14艘，所以2月份潜艇击沉的吨位又开始上升。3月份，潜艇击沉的吨位上升至62.7万吨。

3月中旬的一次潜艇战，是第二次世界大战期间规模最大的一次。当时，德国海军集中了38艘潜艇，协同攻击了两支凑巧驶在一起的返航护航运输队"HX—229"号和"SC—122"号。在英国海军恢复空中掩护之前，德军总共击沉其中21艘船只，而其仅损失一艘潜艇，从而形成了大西洋海战的高潮。

与此同时，希特勒在挪威海域集结了德国海军大型水面舰艇"提尔比兹"号、"海军上将舍尔"号、"吕措夫"号、"沙恩霍斯特"号、"格奈泽瑙"号战列舰和"希佩尔海军上将"号、"欧根亲王"号巡洋舰，以及17艘潜艇和一些空军力量，在北极海域展开了打击盟国向苏联运送物资货船的破交战。

从3月开始，同盟国护航运输队遭到来自空中、水面、水下的攻击，损失与日俱增。

3月28日至29日，德国潜艇群、飞机和3艘驱逐舰袭击了"PQ—13"号护航运输队，击沉、击伤10艘船只，并击伤了护航的"特立尼达"号巡洋舰，德国仅损失了一艘驱逐舰。

从3月至6月，德国海军共击沉同盟国"PQ—12"号至"PQ—16"号护航运输队84艘船只中的23艘以及数艘军舰。

德国海军在北极海域的破交战，牵制了英美海军力量。美国海军遂派遣航空母舰"大黄蜂"号、新型战列舰"华盛顿"号和"北卡罗来纳"号，以及两艘轻巡洋舰和一艘驱逐舰中队参加护航。

6月27日，同盟国"PQ—17"号护航运输队从冰岛起航，驶向苏联北部港口。这个运输队包括运输船33艘、油船1艘、救生船3艘，除直接护航的舰艇

外，在航行中还由英国海军少将哈密顿率领一支巡洋舰分队提供护航。

在北海还部署了英国航母"胜利"号、战列舰"约克郡主"号和"华盛顿"号，以及3艘巡洋舰和8艘驱逐舰。当大型水面军舰通过挪威沿岸时，在可能经过的航线上还展开了9艘英国潜艇和4艘苏联潜艇。

德国为了袭击"PQ—17"号护航运输队，派出一支由战列舰"提尔比兹"号、巡洋舰"希佩尔海军上将"号和"吕措夫"号，以及数艘巡洋舰、舰队驱逐舰组成的编队。

6月底，该编队向阿尔腾峡湾转移。同时，德军在同盟国运输队可能经过的航线上展开了大量潜艇，在挪威北部的各机场部署了大量飞机待命。

7月2日，德军飞机开始不断袭击"PQ—17"号护航运输队。德军水面舰艇编队则从特隆赫姆基地出动实施袭击。

英国海军上将达德利·庞德命令哈密顿的护航巡洋舰分队高速向西撤离，企图诱开德军水面舰艇编队，而运输船则在巴伦支海散开，各自驶往摩尔曼斯克。失去保护的运输船，遭到机动、灵活的德军潜艇和飞机的轮番攻击。

　　而同盟国重点警惕的德国水面舰艇编队，在7月5日18时许，接近护航队主航线时，苏潜艇鱼雷击伤了德军"提尔比兹"号，迫其返回阿尔腾峡湾，从而扼制住了德国水面舰艇编队的威胁。

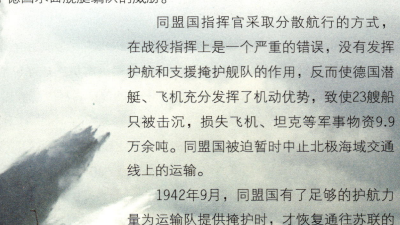

　　同盟国指挥官采取分散航行的方式，在战役指挥上是一个严重的错误，没有发挥护航和支援掩护舰队的作用，反而使德国潜艇、飞机充分发挥了机动优势，致使23艘船只被击沉，损失飞机、坦克等军事物资9.9万余吨。同盟国被迫暂时中止北极海域交通线上的运输。

　　1942年9月，同盟国有了足够的护航力量为运输队提供掩护时，才恢复通往苏联的北方航线。9月7日，"PQ—18"号从冰岛驶出。同盟国吸取"PQ—17"号的教训，在冰

被潜艇炸毁的船只

岛加强了护航兵力。

运输队共有33艘运输船，护航兵力计有护航航空母舰1艘、防空巡洋舰1艘、驱逐舰16艘、潜艇2艘和数艘小型舰艇。这是一支武器装备较强的护航运输队。

但是，途中仍然遭到德国潜艇和"容克—88""亨克尔—Ⅲ"式飞机的袭击。9月13日至20日，护航运输队遭到德军鱼雷机、轰炸机数百架次的空袭，在斯瓦尔巴特群岛附近又遭到德军潜艇的攻击，损失13艘运输船和1艘救生船。

由于英国护航兵力强大，德国海军损失潜艇3艘、飞机约40架。德军由于飞机损失惨重，从此不再在苏联北方投入这样大的空军力量了。

10月至12月初，同盟国抽调了大量驱逐舰参加"火炬"计划，英国海军部和美国海军部决定派遣有警戒能力的单艘船只，利用冬夜长的特点驶向苏联北部，在被派遣的37艘船只中有9艘被击沉。

12月中旬，英、美再次派遣小型护航运输队，采取从冰岛和苏联北部港口交替出发的办法实施护航。护航运输队改代号为"ＪＷ—51A"号，由洛赫伊伍出航，安全抵达苏联北方港口。

12月31日，"ＪＷ—51B"号驶至熊岛东南约100海里处，遭到德国特混舰队的远距离攻击。英国两艘驱逐舰被击沉。德国一艘驱逐舰沉没，"希佩尔海军上将"号也被英国海军巡洋舰击伤。"JW—51B"号运输船队，除一艘巴拿马货船在科拉湾入口搁浅外，都安全到达指定港口。

希特勒对1942年除夕的这场战斗非常恼怒，他责令海军撤回大型军舰，并解除雷德尔元帅的海军总司令一职。

1941年8月至1942年年底，同盟国21支北行护航运输队被击沉53艘，16支南行护航运输队被击沉16艘，其中一半是美国的船只。

此外，英国海军还损失2艘轻巡洋舰、4艘驱逐舰、4艘扫雷舰和1艘潜艇。

1943年的头几个月，几支拥有强大警戒兵力的护航运输队到达苏联北

部，只受到轻微的损失。1943年3月至年底，由于大西洋作战的需要，同盟国的护航舰主力都转移到大西洋战场，北极诸海区的航运被迫停止。不过，同盟国在4月份德军从突尼斯撤退以前，已经控制了地中海航线。

因此，由美国出发的护航运输队可以沿直布罗陀——苏伊士——波斯湾航线向苏联运送物资。

1943年底，摩尔曼斯克航线恢复航行，护航运输队基本上可以安全航行了。

为了进一步打击同盟国，德国更加重视潜艇战。1943年1月，德国海军更换领导人，由潜艇舰队司令邓尼茨接任海军总司令；同时调整了海军战略，决定造船工业集中建造潜艇，并停止征召潜艇制造业的工人入伍，还将水面舰队的官兵和造船工人近万人转入潜艇后备队。

1943年初，德国海军拥有400多余艘潜艇，其中大中型潜艇占63%，做好战斗准备的约210艘，在北大西洋活动的约50艘，在中大西洋活动的有30艘，在美洲沿岸活动的有10艘。7艘大型水面舰艇、14艘舰队驱逐舰、60艘小型舰艇和21艘潜艇被部署在挪威北部海域。意大利少数潜艇也投入大西洋战场。

邓尼茨预言，德国在大西洋战场不久即将胜利。

1943年3月，美国、英国和加拿大在华盛顿召开大西洋护航会议，决定：

同德国潜艇作战是同盟国当前海上战役中最中心的任务；

在潜艇威胁最严重的北大西洋中部集中反潜兵力和武器，并调整同盟国护航体系，采用新的护航时刻表，组建统一指挥的反潜支援队；

尤其要加强空中力量，广泛使用护航航空母舰和新式雷达，将护航运输队的反潜作战由单纯的被动防御转为主动的立体搜索和进攻。

139

会上还采纳了英国海军的建议，对各国承担的护航责任进行了重新调整，接受美国海军作战部长金海军上将的方案，由英国和加拿大负责北大西洋的护航，美国承担大西洋中部的护航和整个护航体系的联结部。护航体系的调整，使同盟国之间的护航行动得到协调，护航兵力的分配更加合理。

美英海军用于保护大西洋交通线的兵力有：护航航空母舰22艘、舰队驱逐舰和护航驱逐舰508艘、护卫舰艇222艘、巡逻舰艇380艘、猎潜舰776艘以及扫雷舰等其他舰船近1000艘；英国潜艇70艘，美国若干艘；岸基飞机约1620架，舰载飞机260架。

由于同盟国加强了在大西洋战场的作战兵力，将护航体制从消极防御改为攻势防御，因此，1943年3月下旬，同盟国在北大西洋战场的形势开始出现转机。

英国海军西航道总司令马克斯·霍顿海军上将统一指挥以驱逐舰和护卫舰组成的6支反潜支援舰队，以纽芬兰和冰岛为基地，对德国潜艇展开了更强大、更集中的反击。

5月，为了进一步对大西洋海域的反潜兵力实施集中指挥，美国建立了海军第十舰队，统一指挥海疆区兵力、护航兵力和反潜航空兵，并负责制订护航运输队的航线和组织护航运输队的运行。

1943年初，美英护航运输队选择了3条新航线：库拉索岛——阿鲁巴岛——英国；库拉索岛——阿鲁巴岛——直布罗陀；纽约——卡萨布兰卡。

德国海军为了查明同盟国防潜的薄弱海区，把潜艇展开在宽大的正面上，主力集结在北大西洋交通线上，在中、南大西洋和北极海区则派遣一些小艇群，准备集中兵力在盟军防护较为薄弱的方向取得最大的战果。

2月4日至8日，由6艘德国潜艇组成的侦察队和20艘潜艇组成的突击队攻击由纽约驶往英国的"SC—118"号护航运输队。该护航运输队由64艘运输船和12艘护航舰艇组成。护航舰艇进行了顽强的反潜作战，但是，德国潜艇经连续追击，还是用鱼雷击沉了7艘护航运输船只。2月8日拂晓，护航运输队进入掩护力量强大的岸防水域后，德军才被迫停止追击。

从2月中、下旬至3月5日，德国海军聚集了50艘以上的潜艇，在北大西洋一些延长的巡逻线上作战。德国海军潜艇使用新型接收装置，能及时发现同盟国护航舰队的雷达搜索，从而免遭袭击，并依靠无线电监听探测同盟国运输队的航线。

尽管受到大西洋风暴的影响，德军在3周时间内，仍成功地攻击了几乎所有同盟国"HX"号快速护航运输队和"SC"号慢速护航运输队。3月上、中旬，同盟国共损失运输船85艘。这表明，在德国海军潜艇日益增多的情况下，试图通过改变航线来躲避德国海军潜艇的攻击已无济于事。

这引起英国海军部对护航体系的担心。护航体系在3年半时间内一直是同盟国在大西洋的战略支柱，而此时"预示英国在海上斗争中要失败"。

二战时期的潜艇

英国海军部事后史料记载："德军从来没有像1943年3月前20天那样近乎切断新旧世界之间的交通。"英国海军部甚至有人对能否继续把护航队当做有效的防御系统表示怀疑。

在这次潜艇战高潮之后，同盟国下决心调整护航兵力，经常用航空母舰加强护航运输队的警戒，或用岸基飞机担任护航。

3月下旬，英国马克斯·霍顿海军上将组织的支援舰队投入反潜作战后，发挥了巨大作用。同盟国6个支援舰队与护航舰群密切协同作战，当护航舰艇进入空中掩护缺口时，支援舰队便去进行支援，对大西洋中部德国海军潜艇予以更有力、更集中的反击。

支援舰队中单独行动的驱逐舰和护卫舰可以对德潜艇穷追不舍。在3月最后的10天里，这些支援舰队显示了作用。

3月21日，"S—123"号和"HX—23"号运输队在费尔韦尔角东南的"空中缺口"，碰上了德国强大的潜艇群。

3月26日傍晚，"SC—123"号运输队的几艘运输船驶入该艇群中间，被德国"U—564"号潜艇和"U—663"号潜艇发现。由于"U—663"号潜艇很快被第三支援舰队的高频测向仪发现，未及报告运输队的航向和航速，就被支援舰队逼入水中。

当迹象表明"SC—123"号运输队周围再没有任何潜艇时，该支援舰队又全速回返去接应随后而来的"HX—230"号运输队。邓尼茨命令南边的潜艇群全速北上去攻击"HX—230"号运输队，结果又被支援舰队的高频测向仪发现，受到驱逐舰驱赶而撤退。

由于盟军航空兵给德国潜艇造成的损失增加，德国海军采取了一系列措施以加强潜艇的自卫能力。例如，在潜艇上装备了四联装高射机枪，改进了37毫米高射炮，装备了干扰雷达工作的装置，并在某些潜艇的船体和指挥室上覆盖一层特殊物质，以便部分地吸收电磁波。此外，还改进了技术观察仪器，装备了无声自导鱼雷。

与此同时，德国海军对反护航战役战术也进行了调整，采用了一系列新

的进攻战术和规避方法。然而，这些新方法未能扭转德国潜艇战的即将失败的结局。

同盟国保护交通线的兵力和装备，在数量上，尤其在质量上远远超过了德国的进攻兵力。美英的飞机和水面舰艇装备了新型雷达，航程和续航力增加，声呐器材也有了进一步发展，护航运输队航行队形的配系和整个护航勤务都得到了改进。

同盟国横渡大西洋的护航运输队几乎在整个航行途中都有航空兵和护航舰艇群掩护，尤其是加强了直接护航舰艇和飞机的突击力量，使没有空中掩护、缺乏其他兵力协同的德国潜艇无论昼间或夜间都难以从水面接近，不得不从水下接近护航运输队。由于水下航速较低，极大地影响了德国潜艇的作战效果。

3月下旬，同盟国在大西洋被击沉的船只由3月份的92艘、53万余吨，降至4月份的45艘、25万余吨。5月以后，损失显著减少，而德国潜艇却损失惨重。据统计，1943年1至3月，德国每击沉同盟国商船10万吨，要损失3.8艘潜艇；4至6月，则增加至10.5艘。

4月上旬，由于德国只有一艘潜水油船能保障潜艇供油，加上一批潜艇要进行检修，因此在大西洋作战的潜艇数量有所减少。4月起，美国加强了大西洋海区的空中力量，从太平洋战场抽调大量"解放者"式轰炸机投入北大西洋海区作战，使这一海区超远程飞机的数量，由3月底的20架上升至5月份的约70架。

这些飞机分别以北爱尔兰的巴利基利、冰岛的雷克雅未克、冈迪亚和纽芬兰的阿根夏机场为基地，活动半逐渐覆盖了费尔韦尔角东南大西洋上的"空中缺口"。

这样，同盟国随时都可以派遣飞机在空中指挥火力支援舰队作战，使德国海军潜艇难以进行"狼群"战。

4月28日至5月6日，德国海军潜艇群，在对"ONS—5"号护航运输队的连续作战中，虽然击沉13艘运输船，但自己损失6艘潜艇，另有4艘潜艇遭重

创。在以后的一个月内中，德国潜艇群，在对"SC—129"号、"HX—237"号、"SC—130"号、"ONS—184"号和"HN—239"号护航运输队的作战中，损失也很严重。

正如邓尼茨在5月24日的战争日记中写道："5月份至目前为止，我们的损失已到了无法容忍的地步。"

鉴于潜艇损失严重，德国海军决定暂时停止潜艇在北大西洋的作战，除一些储油量小的潜艇仍留在这一海区外，其他潜艇全部撤到了亚速尔群岛西南海域。

德国海军在大西洋战场的退却，标志着战争爆发以来同盟国和德国围绕大西洋交通线的斗争出现了重要转折。双方力量对比清楚地表明，同盟国在大西洋战场完全占据了优势，掌握了制空、制海权，能够在北大西洋交通线，尤其在不列颠群岛西部和比斯开湾集中护航兵力，能主动限制德国潜艇在大西洋的活动范围。德国潜艇实施的"吨位战"宣告破产。

面对大西洋海战出现的转折局面，德军最高统帅部决定在大西洋战场以适当的方式继续坚持潜艇战，即使不能达到"吨位战"的目的，也要在战略上有效牵制同盟国海空军力量，支援其他战场。

为了尽可能加强潜艇战，德国海军一方面改变潜艇战战术，将潜艇部署在中大西洋、加勒比海、墨西哥湾海区。将原来在二三百海里正面的大艇幕作战改三四道短艇幕，依次展开在航线上，由航空兵担任搜索，引导潜艇攻击目标。另一方面加紧研制新式潜艇，改进原有的潜艇装备，试图通过潜艇技术的突破，取得对盟军水面舰艇的优势。

德国海军总司令部设计处和政府装备部集中力量，组织新型"瓦尔特"潜艇迅速投产。每艘潜艇都装备了可伸缩的通气装置，可一直在水下潜航，使盟军雷达测位器不易搜索到目标。在潜望塔四周装备了保护物质，干扰雷达的探测，潜艇的防空武器也得到了加强。

德国海军企图通过一系列的调整，重新恢复并加强在大西洋交通线上的潜艇战。

1943年秋，德国潜艇重返北大西洋航线作战。据德国统计，潜艇发射的声自导鱼雷60％命中目标，九、十月，击沉同盟国和中立国船舶吨位开始上升。

德国新式潜艇对同盟国交通线的威胁，迅速引起同盟国的注意。针对声自导鱼雷，同盟国军舰和商船装备了"福克斯"声波诱雷器，航空兵以双机或小队方式进行搜索、警戒，迫使德国潜艇下潜，反潜舰艇装备了24管发射炮，发射装有撞发引信的深水炸弹，在运输船附近海域给德国潜艇造成较大的威胁。

在大西洋海战的第三阶段，同盟国在反潜兵力、技术和战术上始终保持优势，使德国在潜艇武器装备上的优势以及采用的新战术只能短时间奏效，很快就被同盟国的反潜优势所制约，并且付出很大的代价。

11月，德国在北大西洋交通线上击沉14艘同盟国运输船，但自身也遭到盟军的有力反击，损失了18艘潜艇。这表明德国的潜艇战出现负增长的新迹象，同盟国船舶吨位损失逐渐减少，德国潜艇损失增多。

这都表明1943年5月大西洋海战出现有利于盟国的转折之后，德国海军重振潜艇战的努力到1943年11月也彻底失败。从此，德国在大西洋战场的潜艇战处于维持局面，美英完全掌握了大西洋战场的主动权。

对德国的空中
进攻联合战略

　　1943年是美英战略航空兵从协同作战走向联合作战的一年，也是联合轰炸进攻作战初试锋芒的一年。

　　1943年1月，英军共有各型轰炸机近840架，其中"兰开斯特"式重型轰炸机只有270多架，而对战略空中进攻来说几乎没有什么价值的"波士顿"和"冒险"式轰炸机却占1／3，还有老式的"惠灵顿"和"斯特林"式轰炸机也占了1／3。加上美军第八航空队和第十五航空队的150余架轰炸机，盟军用于进攻德国的轰炸机总数不超过千架。

　　而到1944年1月，美英战略航空兵已拥有轰炸机近3000架，其中英军的"兰开斯特"式重型轰炸机有600架，占英军轰炸机总数的一半；第一线部队中已不再有"惠灵顿"一类的老式轰炸机。美军战略航空兵则全部装备B—17型"空中堡垒"式和B—24型"解放者"式重型轰炸机。经过一年多的作战，美英战略空中力量得到壮大。

　　对美英战略空中力量来说，更重要的是，这一年它们终于实现了对德国的联合战略空中进攻。尽管其中有分歧、有成功、有挫折，但它们毕竟形成了一支统一的战略空中力量。

　　美英对德国的联合轰炸进攻的真正开始时间为1943年6月10日。这一天，美英联合参谋部批准了代号为"直射"的战略航空兵联合轰炸进攻的作战计划。

　　随着"直射计划"出台日期的临近，一个很重要的问题日益突出，这就是德军战斗机的威胁。

　　1943年4月17日，美军第八航空队出动115架轰炸机，在140架P—47战斗机的护航下，突击了德国不莱梅的福克——沃尔福飞机工厂。

　　不莱梅在德国北部，濒临北海。虽然这是一次对德国本土较近目标的突击，但美军仍有16架B—17型"空中堡垒"式重轰炸机被击落，另有39架轰炸机被击伤。

　　美军被击落和击伤的飞机总数已接近出动飞机总数的一半。这一结果使美英军队认识到，对联合轰炸行动的首要威胁是德国空军的战斗机部队。

　　盟军的战略轰炸需要首先取得空中优势。基于这样的认识，在"直射计划"的突击目标序列表中，德国航空工业上升到头等重要的位置。为此，"直射计划"规定：

　　　　在这样的环境下，阻止这种增长，削弱敌人在这个战场上能够对付我们的昼间和夜间战斗机的力量是至关重要的。
　　　　为了达到这一目的，美英在英国本土的轰炸机部队最优先的作战目标，是德国的战斗机部队和它们所依赖的航空工业。

　　1943年6月13日，美军第八航空队在"直射计划"开始后的第一次深入德国本土作战中，第四轰炸机联队出动76架B—17型轰炸机，结果被击落22架，击伤23架。

　　"直射计划"将摧毁德国航空工业作为首要任务的另一个动因，是"霸王计划"日益临近。"霸王计划"是1944年盟军的头等重要的作战行动。

　　鉴于削弱德国空军的作战能力对"霸三计划"的胜利有着重要意义，美英联合参谋长会议也积极支持将德国飞机工业列为美英战略航空兵的头等重要的突击目标。

　　1943年6月10日，随着"直射计划"的下达，美英战略航空兵的联合轰炸进攻正式开始。目标首先指向德国的航空工业。

　　然而，1943年下半年，美英战略航空兵对德国飞机工厂只进行了14次突

击，共投弹4000吨，平均每月投弹不到670吨，仅占这一时期美军战略航空兵投弹总量的2％。

德国航空工业没有遭到应有打击的主要原因是，德国已将飞机工厂进行了广泛的疏散，而美英战略航空兵当时的兵力又相当有限，不足以突击疏散后的众多飞机工厂。于是，美英战略航空兵便在一个统一的总原则之下，按照各自的既定方针展开了作战行动。

在美英战略航空兵对德国飞机工厂突击的同时，美军又选中德国的轴承工厂作为主要突击目标。轴承是制造飞机、坦克、军车、潜艇、精密仪器等武器装备所必不可少的零部件，对轴承工厂的打击会对德国的军工生产部门造成严重影响。

这与美军通过摧毁德国工业系统中的关键部门，来瘫痪德国整个军工生产能力的指导思想是一致的。美军之所以选择德国的轴承工厂作为主要打击目标，还在于德国轴承工厂主要集中在德国的3个大城市，其中尤为吸引美军的是施魏因富特。因为在这个城市中共有3个轴承工厂，生产能力占德国整个轴承生产能力的52％。为此，美军第八航空队在对德国飞机工业的作战效果不理想时，便将施魏因富特的轴承工厂作为主要打击目标。

1943年8月和10月，美军第八航空队先后两次对这个城市的3个轴承工厂进行大规模袭击，一度给德国轴承供应造成一定困难。

8月17日，轰炸德国施魏因富特轴承工厂的美军第一轰炸师共出动B—17型重轰炸机230架。主要突击目标是施魏因富特的轴承工厂，备份目标是德国法兰克福的通用工程设备厂、亚琛的铁路调车场和波恩的仪器厂。

威廉斯率领的第一轰炸师于17日13时47分通过法国海岸进入欧洲大陆，然后便不断遭到德军战斗机的攻击。由于英吉利海峡上空的天气不好，第一轰炸师的起飞时间一再推迟，结果德军的战斗机在上午攻击第三轰炸师后，有充分时间做好准备对付第二轰炸师。

而负责掩护第一轰炸师第一梯队的P—47战斗机起飞又晚了9分钟，没能按预定时间与第一轰炸师的轰炸机编队会合，由此导致第一轰炸师的第一梯队只能在没有战斗机护航的情况下孤军奋战，还未飞抵施魏因富特就被击落15架轰炸机。后面的P—47战斗机按时起飞，为第二、三梯队提供了战斗机作战半径内的有限护航。

第一轰炸师在威廉斯的率领下，有188架轰炸机到达施魏因富特上空。

14时开始投弹。美军在12分钟内共投下250磅燃烧弹1000枚，500磅普通炸弹700枚，1000磅普通炸弹235枚。屈格尔——菲舍尔轴承工厂的电站、平房车间、楼房车间、办公楼和仓库都被击中。

菲希特尔——萨克斯轴承工厂的一个平房车间被两枚炸弹直接命中，还有三四枚炸弹命中附近的建筑物。3个轴承工厂都遭到严重破坏。

　　15时，美军第一轰炸师投弹完毕，退出攻击。在返航的路上，第一轰炸师又遭到德军战斗机的猛烈攻击。据美军报告，在整个作战过程中，先后有300余架次德军飞机对第一轰炸师进行了攻击，美军共有36架B—17型重轰炸机被击落，360多名机组成员在作战中伤亡或失踪。

　　尽管盟军对施魏因富特轴承工厂的轰炸效果非常满意，但美军的损失也非常惨重，已远远超出所能承受的限度。美军不得不暂时中止深入德国纵深地区的作战活动。

　　1943年10月14日，美军经过精心准备，再次突击施魏因富特的轴承工厂。这一次共出动29架B—17型重轰炸机，分成2个突击队。第一突击队由第一轰炸师的150架B—17型轰炸机组成，第二突击队由第三轰炸师的140架B—17型轰炸机组成。此外，第二轰炸师还出动一部分B—24型轰炸机进行牵制性作战。

　　鉴于上次突击的教训，美英战略航空兵此次加强了战斗机护航。每个突击队固定由一个P—47战斗机大队负责护航。此外，在轰炸机撤出战斗返航时，再派出一个P—47战斗机大队前往欧洲大陆接应，负责在欧洲大陆内为返航的轰炸机编队提供支援，并一直护送轰炸机编队飞过英吉利海峡。

　　除P—47战斗机外，美军还安排新到的英国P—38战斗机为轰炸机编队开辟空中通道。英军的两个喷火Ⅳ型战斗机中队被安排扫尾，负责在最后一批轰炸机编队脱离德军战斗机截击后，继续在空中巡逻，以保护掉队的轰炸机。

　　美军第一轰炸师的第四十作战联队飞在整个编队的最前面，首先遭到德军战斗机的集中攻击，损失惨重，在到达目标前，已经损失7架轰炸机，还有很多飞机被击伤。第一和第三轰炸师的飞机在到达目标前，共损失28架轰炸机。尽管美军轰炸机编队遭到较大损失，但对施魏因富特的轴承工厂的轰炸还是很成功的。

　　美军第一轰炸师有101架轰炸机到达目标上空，14时39分，当第一轰炸师的轰炸机进入轰炸航路起始点时，德军的空中攻击反而减弱了。目标上空

的能见度很好，突击编队按预定计划进入攻击。

飞在最前面的第四十作战联队首先投弹，将53％的炸弹投到距瞄准点33米以内。14时51分，第三轰炸师开始投弹时，第一轰炸师轰炸掀起的烟尘给他们的瞄准造成一定困难。

美军此次对施魏因富特的作战，共有209架B—17型轰炸机到达目标上空，并投下1122枚共395吨高爆炸弹；另外还投下88吨燃烧弹。1122枚高爆炸弹中有88枚直接命中工厂建筑物。但也损失了60架轰炸机及其机组人员，战损率高达20.62％。空战中，美军共击落186架德军战斗机。

1943年10月，美英第二次突击施魏因富特的轴承工厂后，德国整个轴承工业生产能力与未受轰炸影响的7月相比，下降了32％，施魏因富特的轴承生产能力下降了60％。

德国军工生产部长施佩尔战后供认：如果集中力量轰炸轴承工厂，"两个月后，将从根本上削弱军工生产。大约4个月后，军工生产将完全停顿"。

但美军第八航空队没有远程战斗机全程护航，致使轰炸机损失惨重，不得不中止深入德国纵深地区的作战行动。德国的轴承工业得到喘息，并很快恢复了生产。

早在"直射计划"尚处于酝酿阶段时，英国的战略航空兵发动了直指德国本土的鲁尔轰炸战役。鲁尔区是德国最重要的工业区，空袭该地区对破坏德国的军工生产可产生重要影响。

战役开始于1943年3月5日，当夜，英国轰炸航空兵共出动442架飞机轰炸了鲁尔区内的埃森。这里是德国最大的军工生产企业克虏伯的所在地。

在茫茫夜色之中深入德国本土作战，最大的困难莫过于准确找到预定突击目标。为此，英军在1942年的作战中，始终致力于改进导航技术，经过一年多的研制，终于将更为先进的"欧波"导航技术用于对德国的夜间轰炸作战。

5日夜，英国本土的气象条件并不好，浓雾迷漫着英伦三岛并一直延伸至英吉利海峡上空。这对第一次在实战中使用的"欧波"导航系统是一个严峻

的挑战。

计划规定，进攻开始时间为3月5日21时。

飞在最前边的是8架装有"欧波"导航系统的"蚊"式飞机，它们以克虏伯的工厂为瞄准点，首先投下红色标志弹，为后面的目标指示飞机和主力飞机指示地面目标，提供瞄准点。

第二批引导飞机应在第一批飞机之后3分钟到达目标上空，第三批引导飞机则在进攻开始后7分钟到达目标上空。

最后一批负责投掷红色标志弹的"蚊"式飞机到达目标上空的时间为21时33分。作战计划规定所有投掷红色标志弹的机组无须搜寻地面目标，只需根据"欧波"导航系统指示器的指示将红色标志弹盲投下去。

为了加强对地面目标的标志，英军又专门抽出22架重轰炸机担任目标指示飞机，负责投掷绿色标志弹。这些目标指示飞机没有装备"欧波"导航设备，因而以红色标志弹为瞄准点，目视瞄准，投下绿色标志弹。

担负主攻任务的轰炸机部队被分为相互衔接的3个波次。第一波由"哈里法克斯"式轰炸机组成，进攻开始后20分钟内进行突击；第二波由"惠灵顿"式和"斯特林"式轰炸机组成，进攻开始后15至25分钟内进行突击；第三波由"兰开斯特"式轰炸机组成，进攻开始后20至40分钟内进行突击。

根据作战计划的要求，主攻部队以红色标志弹为主要瞄准点进行瞄准轰炸，在无法看到红色标志弹的情况下，可根据绿色标志弹瞄准轰炸。

3月5日傍晚，422架飞机按照任务区分，分别从英国不同的机场陆续起飞。因机械故障、操纵失误等原因，有56架轰炸机在到达目标前被迫返航。

20时58分，英军第一架装有"欧波"导航装置的"蚊"式飞机投下了第一批红色标志弹。

21时03分，第一架负责投掷绿色标志弹的目标指示飞机也开始投弹。然后，担负轰炸任务的主攻部队开始陆续进入攻击。

由75架"哈里法克斯"式轰炸机组成的第一攻击波，除5架轰炸机提前或推迟进行攻击外，其余70架轰炸机都在预定时间内实施了轰炸。

由141架"惠灵顿"式轰炸机和"斯特林"式轰炸机组成的第二攻击波中，有106架轰炸机在预定时间内完成了轰炸。

第三攻击波是由121架"兰开斯特"式重轰炸机组成，其中86架轰炸机按预定计划实施了投弹。破坏区处于市中心，这里约有160英亩的区域被夷为废墟。克虏伯的工厂也遭到严重破坏，其中13幢克虏伯工厂的最主要建筑物被摧毁或严重破坏，至少有53个车间受到不同程度的影响。英军轰炸航空兵在这次作战中共损失飞机14架，另有38架飞机受伤。

在整个鲁尔轰炸战役期间，英军曾多次空袭埃森，在5次主要袭击中，英军出动了2070架次。此外，英军还突击了鲁尔区内的杜伊斯堡、科隆、杜塞尔多夫、多特蒙德和波鸿。在对鲁尔区这几座城市的16次最主要的突击中，英军出动了近8000架次。

这次空中进攻战役的作战范围实际上并不局限于鲁尔区，英军还先后突击了德国的柏林、慕尼黑、斯图加特、纽伦堡，法国的洛里昂，意大利的都灵、拉斯佩齐亚，波兰的斯德丁，以及捷克斯洛伐克的比尔森等城市。

在整个鲁尔轰炸战役期间，英军共出动飞机1.8万余架次，共损失飞机872架。

英国希望通过摧毁德国最重要的城市来打击德国人的抵抗意志，从而使战争尽早结束。为了实现这一既定目标，在"直射计划"开始后，英国首先选定了汉堡。

汉堡是德国第二大都市，也是整个欧洲最重要的港口城市，当时人口175万。汉堡有生产飞机零部件的工厂、生产各种发动机的工厂以及炼油厂。此外，这里还是德国最大的潜艇生产基地。英国选择汉堡作为第一个打击目标的另一原因是，汉堡的地形比较适合英军轰炸机新装备的机载新型雷达领航装置对目标进行识别。

汉堡在德国最北端，是距离英国较近的一个重要城市。易北河从汉堡城内贯穿，将城区一分为二。汉堡所有的潜艇工厂、飞机零部件工厂、炼油厂和大多数发动机工厂，以及储存军用物资的码头仓库都集中在易北河南岸。

汉堡城的政治、经济和生活区都坐落在易北河北岸。这个城市横跨河流并靠近海岸，易于从空中识别，或从雷达屏幕上分辨。

在汉堡战役之前，英军轰炸航空兵已对汉堡进行过98次袭击。早在1942年5月，英军策划第一次"千机轰炸"时，首选目标就是汉堡。英军为此制订了详细的作战计划，当时科隆只是备份目标。

然而，至1942年5月底，汉堡地区一直浓云密布，哈里斯被迫改而决定突击科隆。德国人一直未放松对汉堡防空力量的建设，在城市中心区域，建立起严密的对空防御火力网。1943年7月，在汉堡及其周围地区，德军共部署了54个重型高炮连、24个探照灯连和3个发烟队。

7月24日夜，英军共起飞轰炸机791架直飞汉堡。所有袭击飞机在进入德国海域后，以每分钟一捆的速度投放干扰德军雷达的锡箔条。

这是人类战争史上首次使用电子干扰装置，其代号为"窗口"。

7月25日零时57分，英军轰炸机飞抵汉堡上空，对汉堡的轰炸正式开始。英军8架目标指示飞机对准汉堡的瞄准点投下红色标志弹。标志弹的落点在瞄准点附近形成4个相对集中区。

围绕这4个红色标志弹集中落点区，700余架主攻飞机很快建立起4个集中轰炸区，半小时后，沿着轰炸航路，出现了一个10多千米长的燃烧区，参加作战的机组中有728个机组报告说对目标进行了袭击，但夜间照相侦察的结果表明，只有300个机组将炸弹投在距瞄准点5000米范围内。

在作战中，英军有12架轰炸机没有返回，此外，还有31架轰炸机受伤。由于首次使用"窗口"电子干扰装置，德军空地间的无线电联络被英军飞机投下的锡箔条严重干扰，德军夜间战斗机地面控制员无法指挥空中的飞行员进行有效的截击作战。

德军的探照灯也漫无目的地在天空乱扫，高炮也因失去雷达指示目标而只能盲目射击。

对汉堡的第一次大空袭使这个港口城市受到广泛和严重的破坏，汉堡市有1500人在空袭中被炸死。

  英军的轰炸机还炸毁了汉堡市的自来水供应系统，由此造成在其后的几天空袭当中，汉堡市内的大火因缺水而无法扑灭，加重了损失。但这次袭击直接造成的破坏，远小于先前鲁尔轰炸战役中对鲁尔区内城市的破坏程度。

  7月25日和26日的白天，美国第八航空队参加了空袭。在这两次空袭中，美军第八航空队司令埃克将军派出了B—17型重轰炸机365架次，共投弹456吨，损失轰炸机33架。每次美军昼间攻击过后，英国轰炸航空兵都要出动几架"蚊"式轰炸机在其后的夜间进行补充性骚扰轰炸，以便使汉堡得不到喘息之机。

  7月27日夜间，英军对汉堡进行第二次大规模空袭，出动787架轰炸机。主攻开始前，25架装有ＨＺＳ的飞机将黄色标志弹按照ＨＺＳ的指示投下。

  主攻部队紧随其后，围绕这些黄色标志弹指示的目标，迅速建立起大火集中区。尽管有722个参战机组宣称击中了目标，但夜间照相侦察的结果表明，只有325个机组将炸弹投在距瞄准点5000米范围内。

  德军在第一次遭到"窗口"的干扰后，开始采取措施，调整德军战斗机战术以对付英军"窗口"装置的干扰。这一次有17架英军轰炸机没有返回，还有49架轰炸机受伤。

  7月29日夜，英军进行了汉堡之战的第三次大规模空袭。这一次，英军出动了770余架轰炸机。轰炸发起后24分钟，汉堡城区遭到燃烧弹的突击。

  这一次，英军轰炸机的战损率明显上升。这说明"窗口"电子干扰装置的效果明显下降。

  德军采用了代号为"实况转播"的战术，即德军地面指挥官适当放松对战斗机飞行员的控制，使战斗机飞行员在空中更自主地进行空战。这是英军飞机将铝箔条撒散开时，德国所能采取的最佳对付办法。

  德军的战斗机在这次作战中，进行了近100次截击。英军有30架轰炸机没有返回，另有43架轰炸机受伤。

  1943年8月2日夜间，英军出动740架轰炸机，进行最后一次袭击。英军轰炸机飞越北海时，因天气恶劣而不得不闯入积雨云中。没有月光，能见度

为零，地面上落下瓢泼大雨。

　　装有HZS雷达领航装置的飞机所投下的目标指示弹只能偶尔为主力轰炸机所看到，有将近一半的机组回来报告说根本未找到目标。在这一夜的袭击作战中，有30架英军轰炸机没有返回，51架轰炸机带伤而归。

　　在整个汉堡战役中，哈里斯共出动轰炸机3095架次，投弹近9000吨，约一半是燃烧弹。损失86架轰炸机，174架轰炸机战伤。

　　盟军对汉堡的空袭使汉堡市27.7万余间住宅被完全摧毁，还有其他住宅受到不同程度的破坏。英军的空袭还摧毁了汉堡市内很多工厂、办公楼、公共服务设施、医院、学校、教堂、文化娱乐中心、银行金融机构、邮政设施、铁路中心、桥梁等，使汉堡陷入全面瘫痪。

　　在汉堡之战进行的同时，英军还于1943年7月25日夜和30日夜，两次对德

英国皇家空军在装弹

156

国的埃森和雷姆沙伊德进行了空中袭击。

7月25日夜，对埃森的袭击开始时，11架装有"欧波"导航系统的"蚊"式飞机准确投下指示目标的标志弹，604架轰炸机紧随其后投弹。夜间照相侦察结果表明，368架飞机将炸弹投到瞄准点5千米之内。

190个克虏伯的工厂中有110个工厂遭到攻击。埃森城中很多建筑物的大火持续燃烧两天。作战中，23架英军轰炸机没有返回，67架战伤。

对雷姆沙伊德的攻击规模不大，但非常成功。9架装有"欧波"导航系统的"蚊"式飞机飞在最前面，为273架轰炸机带路。最终有228架轰炸机到达目标上空投弹，其中有不少于191架飞机将炸弹投到瞄准点5千米范围内。

从侦察照片上看，市中心几乎完全被摧毁，大火第二天仍在燃烧。英军有15架轰炸机没有返回，受伤的飞机不少于12架。

1943年8月17日夜，英军又对德国皮尼曼德导弹试验研究所进行了空中袭击。在以往的夜间作战中，英军都是对城市进行面积轰炸，这一次是夜间对点状目标进行精确轰炸。

英国轰炸航空兵出动了597架重型轰炸机，结合使用几种夜间精确轰炸技术。轰炸非常成功，但代价也最高。英军共有40架轰炸机没有返回，32架轰炸机战伤。

汉堡战役之后，英军开始策划下一个打击目标。柏林作为德国的首都，是第三帝国的政治、经济中心，也是军事指挥中心。为此，英军认为，摧毁柏林比摧毁汉堡更能对德国人产生更大的震撼力。

1943年11月18日至19日夜间，英军经过充分准备，开始对柏林进行历时3个半月的大规模轰炸。

英国轰炸航空兵司令部很清楚，摧毁柏林将是一个极为困难和代价巨大的任务。因为他们的作战目标是德国的首都，城市面积近750平方千米，距英国海岸850多千米，盟军的轰炸机编队在欧洲大陆内近600千米的飞行过程中将不断遭到德军夜间战斗机的猛烈攻击。在柏林地区，德军还集中了很多高射炮，从而使柏林成为德国防空力量最强、火力密度最大的地区。

英军所选择的轰炸目标是柏林市中心的政府大楼和行政区，这个区也是人口和工厂最密集的地区，约有103座军工厂，主要是发动机工厂和被电力专家列为头等重要目标的电力设备工厂。

在11月18日夜间进行的第一次攻击中，英军共出动450架重轰炸机，其中约400架轰炸机成功地到达目标，在政府所在的市中心区投下1593吨高爆炸弹。英军在作战中损失9架轰炸机。

同日，为了配合对柏林的突击，吸引德军的夜间战斗机，英军轰炸航空兵在对柏林空袭的同时，还对德国的路德维希港进行了攻击。

然后的两次规模较大的攻击于11月22日至23日夜间和23日至24日夜间实施。这两次突击仍然以重型轰炸机为主。在这两次作战中，柏林市内共死伤1200人，轰炸使柏林城内燃起大火。

12月的最大一次空袭是在2日至3日夜间进行的。整个轰炸只持续了40分钟，650架轰炸机参战，458架抵达目标上空投弹。

1944年1月英军共进行了6次轰炸，平均每次投弹1500吨，其中两次夜间轰炸规模比较大，每次都出动400多架重型轰炸机。

2月规模最大的一次空袭发生在15日至16日夜，891架轰炸机参加空袭，806架到达目标上空。空袭持续38分钟，共投弹2642吨，主要目标是柏林的工业区。

1944年3月2日，柏林轰炸战役暂告一段落。在柏林之战中，英军共进行了16次大规模空袭，出动轰炸机9000余架次，绝大多数是由重型轰炸机进行的，其中"兰开斯特"式轰炸机出动7000多架次。

英军在作战中损失537架轰炸机和4000名空勤人员。柏林在空袭中有6166人死亡，1.8万余人受重伤，市中心有近10平方千米建筑区被夷为废墟，103家最重要的军工厂中有43家工厂受到不同程度的破坏。

为了配合轰炸柏林，打乱德军的防御，在对柏林空袭的同时，英军轰炸航空兵还对其他目标进行了19次大规模轰炸，这些目标包括：路德维希港、勒沃库森、法兰克福、斯图加特、莱比锡、斯德丁、不伦瑞克、马格德堡、

施魏因富特、奥格斯堡、埃森、纽伦堡等城市。在这些协同攻击中，英军共出动飞机1.1万架次，其中7000架次是"兰开斯特"式轰炸机。

美军战略航空兵自1943年10月14日第二次轰炸施魏因富特的轴承工厂后，由于不堪承受巨大损失，在其后很长时间里，既无法像英军战略航空兵那样利用夜间的掩护，深入德国纵深地区作战，也不敢在没有战斗机全程护航的情况下贸然在昼间深入德国纵深作战。

1943年12月5日，美军出动36架刚刚研制的"野马"式远程战斗机首次为美军的轰炸机提供全程护航。此后，美军第八航空队才逐步深入德国纵深地区作战。

1944年3月4日，美军战略航空兵在昼间对柏林进行实验性空袭。美军第八航空队共派出500架重轰炸机，在770架战斗机的掩护下深入德国纵深作战。其中第三轰炸师派出238架B—17型"空中堡垒"式轰炸机前往柏林进行空袭。在对柏林的轰炸中，美军轰炸机共投下42.8吨高爆炸弹和24.6吨燃烧弹。然后，美军便加入对柏林的大规模空袭作战。

3月6日，美军战略航空兵对柏林实施第一次昼间大规模空袭。美军第八航空队的第一轰炸师出动262架B—17型"空中堡垒"式轰炸机，第二轰炸师出动了226架B—24型"解放者"式轰炸机，在801架战斗机的护航下空袭柏林。其中100架P—51型"野马"式战斗机为这些轰炸机提供全程护航，共有446架轰炸机到达柏林上空，并对柏林的工业区投下1600吨高爆炸弹。

在整个作战过程中，只有200架德军战斗机升空与美军的轰炸机编队和护航战斗机进行空战。美军在作战中损失B—17型重轰炸机34架、P—51型战斗机5架。

3月8日和9日，美军第八航空队再度出动980架次重轰炸机，投弹1855吨。此后，由于美英战略航空兵受命支援即将开始的"霸王"作战，对柏林的空袭暂告结束。

战场对决

太平洋战场的战略转折

　　太平洋战争爆发后，日军在很短时间内连续重创美英盟军。在初战胜利的刺激下，日军企图继续发展攻势，消灭美国太平洋舰队，威逼夏威夷。然而，以美国为首的同盟国军队在经历了日军的初期打击之后，逐步稳住了阵脚，并利用日军战线过长的弱点，在珊瑚海、中途岛等防御战役中连续挫败日军的进攻，开始了太平洋战场日美双方的战略相持与转折阶段。

日将战略重点
转向太平洋

太平洋战争爆发后，日本陆海军在南方各个战场上频频得手，取得了巨大胜利，1942年春季以前，提前一半的时间完成了战前拟定的太平洋战争第一阶段作战计划。英、美军实力在作战中遭到严重削弱。相比之下，日军的损失却很小。

日本初期作战形成的有利态势，导致陆军和海军在整体战略指导及具体作战目标上都产生了分歧。在今后战争全局指导上的分歧主要表现在两个方面：是继续发展大规模战略进攻，还是按照原计划采取战略守势，以确立长期不败的战略态势；是以美国及太平洋正面的作战为主，还是以英国、中国及印度洋、亚洲大陆方面的作战为主。

陆军认为，第一阶段作战的巨大战果，使日本在今后两年内可以称霸西太平洋，太平洋正面的持久不败的态势已基本形成，而且日本也不具备直接攻击美国本土的能力和手段。

因此，在占领南方资源和战略要地之后，应利用美国海上力量一时难以恢复的有利时机，立足于战前确定的持久战方针，迅速转入对日本本土、"满洲"、中国以及南方占领区的战略调整，培植国家战争力量，从根本上确立长期持久的战略态势。

根据这一持久战方针，陆军设想下一阶段的军事战略应该是，对东正面太平洋方向的美国，采取旨在确保已占领区域的抑制作战；同时，将陆海军主力转用于西正面的印度洋和中印缅大陆地区，通过控制印度洋、击败中国以及与德意相呼应强行打通印度和西亚等行动，首先击败美国的盟友英国和

中国，达成孤立美国的目的。尔后，再转向东正面与美国进行海上决战。

日本海军则认为，战前确定的"第一阶段攻占南方的资源与战略要点，第二阶段消灭来犯的美国海军主力"的战略指导方针已经不适应战争形势发展的需要。由于开战初期重创了美国海军，原定第二阶段歼灭美海军主力的任务已经完成一半，因而，第二阶段的作战任务应该是，在美国的实力恢复之前，在太平洋与美国展开积极作战，尽可能缩短战争时间。

海军内部鼓吹这一观点的最大势力，是以山本五十六为首的联合舰队。早在战前山本就认定，与拥有雄厚战争潜力的美国进行持久战，对日本不利，应该采取连续不断的积极进攻，迫使美国在物质和精神两方面都难以恢复。初战的胜利，更加坚定了联合舰队以美国为直接打击对象、在太平洋方向实施连续主动进攻的决心。

联合舰队认为，拖延时间，不仅将丧失以往战果，而且会使美国增强实力，使日本陷于束手待毙的被动地位。虽然应认识到长期战争的可能，但主动追求长期战争是愚蠢的。……消灭了美国舰队和英国海军，就可以随心所欲地干任何事情，这是结束战争的最佳捷径。

为了协调陆、海军在战略上的分歧，1942年3月4日，日本陆、海军召开双方作战部长会议。三天后，又召开了大本营与政府的联络会议，在对陆、海军的意见进行折中的基础上，制定了《今后应采取的战争指导大纲》。

这个指导大纲的要点，一是为迫使英国屈服，使美国丧失战争意志，继续扩大既得战果，不断整备长期不败的政治军事态势，并趁机采取积极对策。二是努力确保占领地区的主要交通线，促进重要国防资源的开发和利用，确立自给自足的体制，并增强国家的军事力量。三是更加积极的战争指导具体方案，在研讨国力、战况的演变、德苏战况、美苏关系、重庆的动向等各种形势之后再确定。

这个指导大纲是在陆、海军基本战略设想严重对立的情况下形成的，内容抽象，措辞含糊，陆海军双方都可以从中找到有利于自己的解释和依据，因此，对今后战争起不到统一指导的作用。

　　日本陆海军在第二阶段的主要战略方向、重点作战对象以及打持久战还是速决战等重大问题上的分歧，导致他们在具体作战目标的选择上意见不一。

　　海军部提出两个方案，一是西进，攻占锡兰（即斯里兰卡）和印度，以歼灭印度洋的英国舰队，前提是需要德意军事行动的配合；二是南进，攻占澳大利亚以及新喀里多尼亚、斐济、萨摩亚诸群岛，目的是摧毁同盟国的反攻基地，切断美澳间的联系，同时诱出美舰队将其歼灭。

　　海军中的强硬派联合舰队则提出更为激进的方案：东进，进攻中途岛，向夏威夷方向扩大战果，促使美国丧失作战意志。因为美国的痛处在于丧失舰队势力及夏威夷被占。

　　陆军基于在太平洋转入战略守势的观点，反对任何大规模进攻。因为这样一来，它就不得不将亚洲大陆急需的大量地面部队投入海上岛屿争夺战。

❖ 二战时航空母舰

据估计，进攻澳大利亚的兵力不能少于12个师，运输船舶总吨位不能少于150万吨。陆军根本无法抽调这么多的人力和物力，除非它大幅度缩减对苏战备和中国战场的兵力，而这样会使整个战略态势陷于极大的不利。因此，陆军仅仅同意以海军力量为主，对上述目标实施有限的封锁战和压制战。

1942年4月，日本大本营海军部确定了海军第二阶段的作战计划：

在印度洋方面，寻求迅速歼灭英国舰队，并与德、意在西亚的作战进展相呼应，趁机攻占锡兰。

在南太平洋方面，以澳大利亚为目标，加强旨在切断澳、美之间交通线的作战，消灭澳大利亚方面的舰队，促使澳大利亚屈服。为此，应摧毁澳大利亚东岸和北岸要地的兵力和军事设施，消灭澳舰队，破坏其海上交通线，并与陆军协同攻占新喀里多尼亚、斐济及萨摩亚诸群岛，切断美、澳间的海上和空中联系，在解决中国事变和对苏关系缓和的情况下，趁机攻占澳大利亚。

在中部和北太平洋方面，攻占中途岛，以限制美国海军的机动袭击；依靠突袭进攻，努力削弱和破坏夏威夷等地的美军兵力和作战基地；尽快破坏并攻占美军在阿留申群岛的作战基地，挫败美国在北太平洋方面的作战企图。

等到印度洋和澳大利亚方面的作战告一段落后，全力指向东正面，强行与美国舰队主力决战并将其消灭。为此，应攻占夏威夷的外围要地约翰斯顿岛和巴尔米拉岛，趁机对夏威夷实施大规模突袭，消灭该地的美国航空兵力；同时捕捉美海上兵力，极力迫使其主力决战；如情况允许，与陆军协同攻占夏威夷。

4月16日，日本陆军明确表示同意参加旨在封锁澳大利亚、攻占新喀里多尼亚、斐济、萨摩亚诸群岛的作战。至于对夏威夷、澳大利亚、印度等地的作战，陆军部表示视今后的情况决定。

也就是说，除了封锁澳大利亚的作战之外，陆军不同意海军拟定的其他作战目标。

促使陆军让步的一个重要因素，是美国海军在太平洋的机动作战。

从2月1日开始，美国太平洋舰队出动航空母舰特遣舰队，在宽阔的太平洋海域实施打了就跑的奇袭战，先后攻击了马绍尔群岛的夸贾林岛和吉尔伯特群岛的马金岛，进而袭击威克岛、南鸟岛、新几内亚东部的莱城和萨拉马瓦。对莱城和萨拉马瓦的袭击击沉日军运输船4艘，重伤9艘，击伤日军巡洋舰2艘、驱逐舰1艘，迫使日军暂停对莫尔兹比港的进攻。

促使陆军进一步同意海军观点的另一个重要因素，是日本本土首次遭到美机空袭的事件。

4月18日，美国航空母舰特遣舰队通过数道日军警戒线，进至距东京1200公里的海域。舰载飞机于中午轰炸了东京、神户等地。

由此，陆军不得不承认日本在太平洋的防御存在严重缺陷，美国海军依然具有很大的威胁力。为了加强太平洋防御，稳定局面，消除美国的威胁，4月20日，日本陆军部改变初衷，向海军提出愿意派部队参加阿留申群岛和中途岛作战。

双方遂在第二阶段作战计划上达成一致：5月上旬实施对新几内亚南部莫尔兹比的进攻战；6月上旬实施中途岛及阿留申群岛作战；7月中旬实施新喀里多尼亚、斐济、萨摩亚诸群岛的作战。

上述三个方面的作战目的分别为：确保珊瑚海及其沿岸的制空权；诱出美航空母舰予以歼灭，以防其空袭日本本土，为攻占夏威夷作准备；切断美澳交通线。

至此，尽管日军统帅部未能明确对澳大利亚本土、夏威夷等地的大规模进攻战，对印度洋、锡兰的作战也仅局限在海军袭击的范围，但日本第二阶段的作战重点显然已转向太平洋战场，而且是实施一场进攻战，不过其目标有限。

美国调整
"先欧后亚"战略

在日本的突然袭击下，英、美在太平洋战场受挫，战前及战争初期拟定要保卫的西太平洋广大地区相继沦陷，如香港、新加坡、英属马来亚、缅甸的一部分、菲律宾、荷属东印度、新不列颠岛、新爱尔兰岛、新几内亚岛的大部、所罗门群岛以及一系列其他太平洋岛屿。澳大利亚、新西兰、夏威夷群岛、锡兰和印度受到威胁。

美国在太平洋的战略前沿已退缩到以夏威夷为中心，北至阿留申群岛，南至澳大利亚的弧线之上。倘若这条防线也被突破，美国西海岸将裸露在日军面前。

1942年3月9日，在日军攻占爪哇的当天，美国总统罗斯福电告英国首相丘吉尔：

太平洋的局势现在非常严重。

根据罗斯福总统的提议，3月17日，英美两国首脑就战略区的划分达成协议，由英国负责中东和印度洋（包括马来亚和苏门答腊），而美国负责整个太平洋（包括澳大利亚和新西兰）。印度和缅甸在英国负责的战略区内，中国战区则归美国负责。同时，双方进一步确认了"先欧后亚"的基本战略。这意味着美国在太平洋要采取战略守势。

然而，急剧恶化的形势，导致美国国内掀起一股要求修正"先欧后亚"战略方针、重视太平洋战场的舆论浪潮。

1942年3月9日至16日，美国召开参谋长联席会议。会上，美国海军力主将美国陆海军主力转向太平洋战场，发动联合攻势，把日军赶出拉包尔，解除对澳大利亚的威胁，甚至可以为此动用派往欧洲的增援部队。

陆军航空兵的意见截然相反，要求全力以赴在欧洲打败德国，不主张向太平洋派遣增援部队，并准备承受失去澳大利亚的后果。

最后，根据罗斯福总统在3月5日的白宫会议上宣布的坚守澳大利亚和新西兰、并在太平洋发动进攻的方针，参谋长联席会议采纳了陆军部提出的妥协的战略计划，决定在坚持"先欧后亚"基本战略的前提下，以保证太平洋方面能承担目前的任务为限度，派遣有限兵力保卫夏威夷、澳大利亚的安全。

正如金海军上将所说，美国在太平洋的战略方针是："该守则守，能攻就攻。"这样，美国在为欧洲和非洲的大规模进攻而训练部队和积蓄物资的同时，也为太平洋战区提供大量舰船、飞机和部队，以便坚守那里的重要阵地和保卫交通线。

为贯彻上述战略计划，美国建立了太平洋战区新的指挥体制。根据罗斯福总统1942年3月30日批准的美国参谋长联席会议的决议，太平洋战场划分为两个主要战区：西南太平洋战区和太平洋战区。西南战区包括澳大利亚及其邻近海域、所罗门群岛的西部、俾斯麦群岛、新几内亚、菲律宾和荷属东印度（苏门答腊除外）。

美国陆军上将麦克阿瑟被任命为西南太平洋战区总司令，司令部设在墨尔本。1942年7月20日，司令部又迁到澳大利亚的布里斯班。

其余太平洋区域为太平洋战区所辖范围，但巴拿马运河附近地区和经线110度以西的南美洲沿海地区除外。

太平洋战区由于海域辽阔，又划分成三个区域：北太平洋区域，中太平洋区域，南太平洋区域。美国太平洋舰队司令尼米兹海军上将担任太平洋战区总司令，接受美国海军总司令金海军上将领导，麦克阿瑟则受美军参谋长马歇尔将军的领导。

1942年3月，麦克阿瑟和尼米兹得到美国参谋长联席会议的指令，明确了两个战区的作战任务。指令规定西南太平洋战区的任务为：

> 守住澳大利亚的关键性军事区域，将其作为阻止日军征服西南太平洋和今后对日反攻的基地。
>
> 粉碎日军对澳大利亚及其主要交通线的进攻，摧毁进入新几内亚、俾斯麦群岛、所罗门群岛的日军部队、补给船、飞机和基地，阻止日军进攻。
>
> 消灭从新征服区域向日本运输原料的日本船舶，对日本实施经济封锁。
>
> 保卫西南太平洋及其附近地区的陆地、海上和空中的补给线。

美国航空母舰

在西南太平洋沿线岛屿驻兵，建立基地，确保该区域航路安全。

支援太平洋及印度洋的友军作战。

进行反攻准备。

美国参谋长联席会议规定太平洋战区的任务是：

确保美国与西南太平洋之间的交通补给线及作战上必需的岛屿。

支援西南太平洋的友军。

牵制太平洋的日军。

支援北美大陆的防卫。

保卫重要的海上及空中交通补给线。

准备对日军基地实施大规模登陆战，初期攻势应从南太平洋和西南太平洋地区发起。

从上述一系列战略决策及任务中可以看出，到1942年3月，美国已经放弃了菲律宾及西太平洋地区，退守中部太平洋和西南太平洋，在太平洋处于守势的基础上，力图保卫阿留申——夏威夷——澳大利亚一线至美国西海岸的广大区域。其中重点是守住夏威夷和澳大利亚两个战略要点，以及联接这两地的漫长的海上交通线，以此构成稳固的对日防御的战略前沿。

美国西南太平洋战区承担的任务主要是防御性的。在如何完成保卫澳大利亚这一主要任务方面它面临两种选择：

一是澳大利亚方面设想的内陆防御计划，即在澳大利亚东南部建立从布里斯班直达南部滨海的阿德莱德防线，借此保卫澳大利亚心脏地区；

二是西南太平洋战区司令官麦克阿瑟主张的境外防御计划。

麦克阿瑟认为，内陆防御计划将牺牲澳大利亚广大的西北部地区，是纯

粹的消极防御。即使守住了这条防线，其结果也将使美军无限期地陷入一个被日军围困的岛国之中，失去反攻的一切希望。因此，麦克阿瑟决定将澳大利亚保卫战放在澳大利亚境外进行，在新几内亚东部山区建立防线，利用新几内亚的莫尔兹比港作为补给基地。如果成功，不仅可以达到保卫澳大利亚的目的，而且有利于今后的反攻。麦克阿瑟的主张被采纳。

太平洋战区担负的主要任务是保卫夏威夷，并加强夏威夷至澳大利亚的西南太平洋的海上交通线。该任务早在战前太平洋舰队的计划中即已存在，不同的是，由于美国在珍珠港事件中遭到重大损失，以及战略前沿的不断退缩，该项任务已成为太平洋战区的首要任务。

1941年12月30日，新任美国海军总司令欧·金海军上将，给太平洋舰队司令尼米兹下达的第一个命令就明确规定了下述任务：

> 除控制并固守夏威夷至中途岛一线外，还须保护上述地区与美国西海岸之间的海上交通线。
> 除尽早控制并固守夏威夷至萨摩亚群岛和斐济群岛一线外，还须保护美国西海岸与澳大利亚之间的海上交通线。

1942年1月，日军攻占新不列颠岛的拉包尔之后，澳大利亚及其东面的海上通道受到严重威胁。作为应急措施，美国开始增强夏威夷、澳大利亚以及两地间一系列岛屿上的陆、海军防卫力量。

1月至3月，美国陆军向海外派遣了13.2万人，其中11万余人派往夏威夷和澳大利亚。

1942年春季，美国在确定了太平洋的战略方针为战略防御结合个别地区的局部进攻战役之后，加快了在太平洋战场集结力量的步伐。到1942年6月初，美国陆军驻守海外的50余万人，约24万多人负责保卫夏威夷—澳大利亚一线，占美军驻海外部队10个师当中的7个，而西半球以外的航空兵几乎全部派往太平洋。

到1942年12月3日，在中太平洋地区，总共驻有14.5万人的地面部队和航空部队；在南太平洋驻有9.1万人；在西南太平洋地区约有11万人。

美军用于对付日本的兵力，比用于对付德国的兵力多出约5万人。此外，美国海军主力也同样集中在太平洋。

尽管英美早已确认"先欧后亚"的战略方针，但是，鉴于太平洋局势紧张，美国1942年春夏的战略计划不得不将太平洋作为主要战区。

这一阶段，美国根据全球战略重点的需要，在太平洋采取的是防御战略，明确了当前和今后的作战任务，即首先确保战略前沿；如有可能，在局部地区转入积极行动；在收复失地的同时，伺机准备大规模反攻。

为此，美国在1942年年内把大量的陆、空军力量陆续投入这一战区，一方面阻止日军的进一步扩张，另一方面，力图达成兵力兵器上的优势，以实现对日本的大规模反攻。

美日航母
决战珊瑚海

　　1942年春季，根据美日双方的战略计划，珊瑚海成为太平洋的主要作战地区。珊瑚海是太平洋西南部海域，位于澳大利亚和新几内亚以东，新喀里多尼亚和新赫布里底群岛以西，所罗门群岛以南，日军若控制了这一地区，便可拥有坚固的海空军基地，进而威胁同盟国的主要反攻基地——澳大利亚。

　　日本海军部计划，第二阶段第一期作战的主要目标是攻占莫尔兹比港。莫尔兹比港位于新几内亚东南部的澳大利亚海，空军基地，是澳大利亚北部海域的重要战略基地。

　　日军夺取莫尔兹比港的企图在于，占领该基地既能保护拉包尔以及新几内亚的己方军事要地，又可使澳大利亚北部的盟军航空基地不能发挥作用。这样，日军进攻新喀里多尼亚、斐济群岛和萨摩亚诸群岛时，翼侧就有了保障。

　　1942年年初，日军在第一阶段作战中曾尝试过攻占莫尔兹比，但没有成功。当时，日军大本营签发了攻占该要地的作战指令，规定陆海军协同攻占新几内亚东部的莱城、萨拉马瓦，尔后攻占莫尔兹比。

　　同时，海军可趁机进占图拉吉岛，以切断所罗门群岛南部的瓜达尔卡纳尔水道，并建立航空基地，掩护莫尔兹比作战的翼侧并为尔后向东南方向前进提供支援。

　　该战役的目的是，攻占英属新几内亚东部要地和所罗门群岛要地，切断澳大利亚本土与这些要地的联系，同时控制澳大利亚本土的北部海域。

　　3月8日，日军登陆占领莱城和萨拉马瓦，但是，由于日海军航空母舰主力转向印度洋作战，日军未及时掌握西南太平洋的制海权。两天后，日本一支护航运输船队遭到美国航空母舰舰载飞机的猛烈轰炸，损失半数舰船。日本遂暂停对莫尔兹比港的进攻。直到4月，日本海军主力回师太平洋战场，准备实施第二阶段进攻战之后，日本才决定于5月10日前后再次实施对莫尔兹比港的占领。

　　日海军中将井上成美指挥的第四舰队受领了这一任务。登陆部队为陆军南洋部队抽调的5000人，由第五十五师步兵指挥官崛井富太郎少将指挥，该部队拥有100台车辆和1000匹马。参战的海军兵力为第四舰队主力，包括第六、第五、第十八、第十九战队，第六水雷战队和海军陆战队一部，以及海军岸基航空兵第五空袭部队。

　　为了与进至西南太平洋的美国航空母舰部队抗衡，日本特派出第五航空母舰战队的重型航空母舰"翔鹤"号与"瑞鹤"号，以及联合舰队的轻型航

航空母舰

空母舰"祥凤"号前来加强第四舰队。舰队总计拥有航空母舰3艘、巡洋舰11艘、驱逐舰15艘，以及炮舰、驱潜舰、扫雷舰、运输舰等60余艘。此外，还有岸基飞机70余架和舰载飞机137架为战役提供空中掩护。

1942年4月23日，第四舰队下达作战命令，规定："5月上旬陆海军部队协同攻占并确保莫尔兹比；海军部队攻占并确保图拉吉岛及新几内亚东南部要地；在上述地区和岛屿建立航空基地，加强对澳大利亚的空中作战。上述作战完成后，继续以一部兵力袭击吉尔伯特群岛的瑙鲁岛和大洋岛，确保磷矿资源。"

该命令规定作战时间顺序为：5月3日攻占图拉吉，5月10日攻占莫尔兹比，5月12日攻占新几内亚东南角的萨马赖岛，5月15日攻占吉尔伯特群岛的瑙鲁岛和大洋岛。

第四舰队的作战计划是，以1.2万吨轻型航空母舰"祥凤"号为主组成海上掩护部队，首先支援图拉吉岛的登陆作战，尔后转向西进，前去支援进攻莫尔兹比港的部队。后者预定从拉包尔出发，经约马德水道，绕过新几内亚岛东端，驶往莫尔兹比港。

日军除对上述两地的登陆战组织直接掩护外，还以航空母舰"翔鹤"号与"瑞鹤"号为主力组成机动突击部队，从特鲁克南下，前去截击美军任何企图阻止登陆的部队。作战代号为"MO"，所有参战兵力统称为"MO"特混舰队。

由于破译了日本海军的密码，美国获取了有关日军作战意图方面的详细可靠情报。4月上旬，美国太平洋舰队情报部门向海军部报告：

日军在印度洋的作战任务已告结束，舰队正返回国内基地；日军没有进攻澳大利亚的打算；日军将很快发动夺取新几内亚东部的作战；随后日军将在太平洋地区发动更大规模的作战，并动用联合舰队的大部兵力。

4月中旬，新的情报表明，日军运输船队很快将在轻型航母"祥凤"号和重型航母"瑞鹤"号、"翔鹤"号的支援掩护下进入珊瑚海。

据此，太平洋舰队司令尼米兹海军上将判断，日军将首先拿下瓜达尔

卡纳尔岛北面的小岛图拉吉，作为海上预警机的基地，战斗可能在5月3日打响。

对于日军准备发动莫尔兹比之战的企图，美军非常重视。盟军固守莫尔兹比港，不仅对澳大利亚的安全是至关重要的，而且该港作为将来反攻的跳板也是不可缺少的。

尼米兹和麦克阿瑟认为，倘若日军的企图得逞，不仅澳大利亚的防卫会变得困难起来，而且南太平洋的海上交通也将面临很大威胁。况且，西南太平洋战区总司令麦克阿瑟，已计划将新几内亚东南部山区一线作为保卫澳大利亚及今后反攻的战略前沿。因此，两位总司令一致认为，必须制止日军的进攻。

然而，要集结足够的兵力对付日军对莫尔兹比的威胁并非易事。驻西南太平洋的美国分舰队仅有驱逐舰和巡洋舰。"萨拉托加"号航空母舰1月份被鱼雷击伤，仍在美国西海岸西雅图附近的普吉特海峡进行修理；"企业"号和"大黄蜂"号航空母舰空袭东京后，4月25日前还未回到珍珠港。这2艘军舰虽然正在尽速返航，但难以如期赶到珊瑚海。陆军航空兵虽有200架左右各式飞机分布在莫尔兹比和澳大利亚东北部地区，但这些飞机必须对付日军岸基航空兵的攻击，同时也不具备支援海上作战的能力。

4月中旬，尼米兹下令：正在西南太平洋海域执行任务的第十七特遣舰队迅速补充油料和兵员，于4月底以前返回珊瑚海准备战斗；正在珍珠港的第十一特遣舰队迅即向西南太平洋移动，于5月1日与第十七特遣舰队在珊瑚海会合。这两支航空母舰编队均由第十七特遣舰队指挥官弗莱彻海军少将统一指挥。

同时，珊瑚海的一支澳大利亚巡洋舰分舰队也奉命接受弗莱彻的指挥。这样，美国海军在珊瑚海战区拥有2艘航空母舰、7艘重型巡洋舰、1艘轻型巡洋舰、13艘驱逐舰，以及其他各类舰只共计30艘，舰载飞机143架。分编为突击大队、支援大队以及航空母舰大队。

为进一步加强西南太平洋地区的兵力，尼米兹于4月底命令刚刚返回珍珠

港的"企业"号和"大黄蜂"号航空母舰立即开赴西南太平洋。其设想是，如果日军进攻推迟，美军将以4艘航空母舰的优势兵力参加战斗。

1942年4月底，日军开始了以图拉吉岛、莫尔兹比以及吉尔伯特群岛的瑙鲁岛和大洋岛为目标的作战行动。首先攻打图拉吉岛，以确保主力对莫尔兹比的进攻。

4月28日和29日，攻占图拉吉岛的先头警戒部队从拉包尔基地出发。4月30日，第四舰队第十九战队主力，搭载4个营的海军陆战队及设置基地的人员和物资从拉包尔出发。4月30日和5月1日，担任海上支援任务的第四舰队第六战队和担任机动作战任务的"MO"部队主力第五战队，先后从加罗林群岛的特鲁克基地出发南下，前去同第十九战队会合，夺占预定目标。

获悉日军的动向和企图后，美军第十七和第十一航空母舰编队于5月1日在珊瑚海东南海域筹结，并加紧了对这一海域的空中侦察。5月1日，美侦察机发现了日军舰队的海上行动，将这一情况通知图拉吉岛。该岛守军兵力薄弱，仅驻有50名澳大利亚军人，难以固守，遂于2日炸毁岛上设施后撤离。日军陆战队于5月3日凌晨开始登陆，未遭抵抗即占领图拉吉岛，下午8时以前，完成该岛水上侦察机基地的设置工作。

弗莱彻将军得知日军已在图拉吉登陆，于是留下"列克星敦"号航空母舰编队补充燃料，率领"约克城"号航空母舰编队北上。5月4日晨7时，该编队在保持无线电静默的情况下，秘密抵达瓜达尔卡纳尔岛西南约100海里的海面。

在此之前，6时30分，"约克城"号上的鱼雷机和俯冲轰炸机飞向图拉吉岛，对该岛开始了长时间的轰炸。至中午，美军以损失3架飞机的代价，击沉日军驱逐舰1艘、运输舰1艘、扫雷艇2艘，击伤其巡洋舰、驱逐舰、运输舰各1艘。尔后美舰返航南下。

得知图拉吉岛遭美军舰载机空袭的消息，日军第六战队急忙南下支援，4日晚12时，抵达所罗门群岛的新乔治亚岛附近。此时美舰早已撤出战斗，第六战队遂反转北上，准备在5日晨以"祥凤"号航母的攻击机在图拉吉岛西南

海面搜索美军舰队。后因天气恶劣飞机返回困难而取消这一计划。同时，日军机动部队也沿所罗门群岛东面南下，搜索美舰，一无所获，遂于6日晨绕过所罗门群岛南端，进入图拉吉岛南部海面。至此，图拉吉岛作战结束。

尽管图拉吉岛的日军遭到美军舰载机的攻击，"MO"特混舰队司令官井上成美仍在5月4日11时下令：

各部队按既定计划于当日14时以后转向对第二个目标——莫尔兹比的进攻。

由于莫尔兹比是"MO"舰队作战的首要目标，因此，除了图拉吉岛之战中受损舰船以及部分准备转用于瑙鲁岛、大洋岛方面作战的舰船外，参加"MO"行动的主力将全部投入莫尔兹比作战。

日军兵分两路：一路是莫尔兹比作战部队，由负责直接攻击的第六水雷战队和负责海上支援与掩护的第六战队、第十八战队组成；另一路是对珊瑚海的美国航空母舰特遣舰队进行警戒的机动突击部队——第五战队和第五航空母舰战队。参战舰船总计46艘。

5月4日，日军攻击舰队和掩护舰队奉命分别从拉包尔、图拉吉岛向新几内亚岛东南角的路易西亚德群岛附近集结，预定7日黄昏进入珊瑚海。

5月6日黄昏，美军警戒飞机发现正在路易西亚德群岛附近集结的日军舰队。美军航空母舰特混编队接到报告后，于7日2时进入南纬14度3分、东经156度25分的位置，距西北方向的日军舰队约310海里。之后，连夜向西北方向移动，准备展开攻击。与此同时，日军机动舰队搜寻美舰未成，于7日1时15分南下，7日晨6时抵达南纬13度20分、东经158度的地点。

5月7日清晨，位于路易西亚德群岛附近的日军莫尔兹比突击舰队与东南方相距约400海里的机动舰队各自派出侦察机搜寻美军舰队。7时53分和8时20分，日军机动舰队收到两份敌情报告：在南面和西面均发现包括1艘航母在内的美军舰队。

机动舰队指挥官原忠一少将据此判断，美军有2支航母舰队。他决定先攻击南面的舰队，再转向西面。日军舰载机在搜索南面时，误将美军的1艘油船和1艘驱逐舰当作航母编队，结果炸沉驱逐舰，炸伤油船。与此同时，日军支援舰队运载莫尔兹比登陆队前往约马德水道。

实际上，美军袭击图拉吉岛的"约克城"号航空母舰编队返航后，弗莱彻将军即于5月6日将两个编队编在一起。7日拂晓，该特混编队在新几内亚岛东端路易西亚德群岛以南海域航行，航向西北。

将近7时，弗莱彻将军命令克雷斯海军少将指挥的2艘巡洋舰和3艘驱逐舰向西北方向搜索前进，截击日军经过约马德水道进攻莫尔兹比港的登陆部队，航空母舰编队转而向北航进，并派出侦察机搜寻日舰。

8时15分，侦察机报告发现2艘航空母舰和4艘重型巡洋舰。弗莱彻认为这就是日军的机动突击舰队，下令全速接近目标。9时26分，"列克星敦"号抵至目标所在地的东南面约160海里处，其飞机起飞半小时后，"约克城"号上的飞机也开始起飞。至10时30分，两舰起飞飞机共93架，另47架留作预备队和担负空中警戒。

美军突击机群刚出动，侦察机便返回。弗莱彻获知，由于密码译错，日军支援舰队被误认为是日军航母机动突击舰队。不久弗莱彻又接到侦察报告，在突击机群前去攻击的目标东南35海里处，发现1艘日军航空母舰及数艘其他舰只。美军突击机群即对航向稍加修正，向新目标飞去。

11时许，美机开始轰炸日舰，93架飞机对日军航空母舰"祥凤"号展开轮番轰炸。首次突击就有13颗炸弹和7颗鱼雷命中目标。11时31分，日军下达弃船命令。5分钟后，"祥凤"号航空母舰沉入海底，舰上的21架飞机损失了18架。航母附近的1艘日军重型巡洋舰也被击沉。13时38分，美军飞机全部安全着舰。

下午，飞行条件恶化，能见度降低，不便实施突击。此外，日军显然已确定美国航空母舰的位置。为免遭日舰袭击，弗莱彻决定，由岸基飞机确定日军机动突击舰队的位置，航空母舰编队则趁夜暗向西驶去。

"祥凤"号航母沉没后，"MO"特混舰队司令官井上成美下令：运输船队向北方退避；机动舰队迅速接敌实施攻击；第六战队和第六水雷战队于当夜对美舰队实施夜战。日军航空母舰机动舰队接到命令后，于15时15分以后向西疾驰。2小时后，"翔鹤"号和"瑞鹤"号航空母舰不顾日落后飞机难以飞回的危险，放飞27架俯冲轰炸机和鱼雷机，向西搜索、攻击美国航空母舰，希望在美舰再次袭击日军登陆部队之前将其击沉。

然而，由于天气不良，能见度较低，日机飞临美舰队附近却未发现目标。美国舰队则借助雷达发现了日机，立即起飞战斗机进行截击，交战15分钟，击退日机。这次出击的日机中，10桨被击落，另11架着舰时堕入大海，27架飞机只有6架安全返航。

5月7日20时40分，鉴于美军舰队的威胁，日军舰队总司令井上成美再次发布命令：取消第六战队和第六水雷战队的夜战任务；对莫尔兹比的进攻推迟2天；机动舰队准备8日天亮后与美军舰队展开海上决战。

至此，双方指挥官都已知道对方的大概位置，并考虑过以水面舰艇实施夜间攻击，但都没有付诸实施，因为交战近在咫尺，双方都怕损失各自的重型巡洋舰，削弱自己的警戒兵力。因此，决定珊瑚海海战结果的航空母舰之间的决战遂于第二天进行。

5月8日的决战是在旗鼓相当的条件下进行的。双方各有2艘航空母舰，美军有121架飞机，日军有122架。美军在轰炸机方面占优势，日军则在战斗机和鱼雷机方面占优势。此外，日军还处于有利的地理位置：美军航母编队经过彻夜南行，8日已进入天朗气清的平静海域，而日军舰队仍在风雨交加、云雾笼罩的海域活动。

凌晨，双方派出侦察机进行搜索。8时刚过，双方侦察机几乎同时发现对方。9时10分，日军2艘航母起飞69架飞机南下攻击。9时至9时25分，美航空母舰也先后出动俯冲轰炸机、战斗机、鱼雷机82架，双方舰队相距约175海里。

10时30分，美军俯冲轰炸机群发现日本航空母舰编队正向东南方向行

驶。该编队以疏开队形航进，2艘航空母舰之间相距8海里，各由2艘重型巡洋舰和驱逐舰护航。就在美军轰炸机借助积云的掩护等待鱼雷机到来的时候，"瑞鹤"号航空母舰已消失在暴风雨之中，于是，"翔鹤"号成为美机的唯一攻击目标。

11时后，美军轰炸机和鱼雷机对"翔鹤"号发起攻击。由于缺乏协调作战的经验，美机未能发挥数量上的优势，盲目的轰炸，鱼雷偏离目标很远，只有2颗炸弹击中目标，"翔鹤"号的飞行甲板上燃起大火。

10多分钟以后，"列克星敦"号的飞机赶到，但由于积云较厚，22架轰炸机未能发现目标，只有11架鱼雷机和4架轰炸机发现了日舰。美军鱼雷机进攻速度慢，再次失败，只有1架俯冲轰炸机对"翔鹤"号又投中1颗炸弹。"翔鹤"号飞行甲板损坏，已不能收容飞机，失去了作战能力，遂奉命返回特鲁克。美军损失43架飞机。

其间，日机也对美军舰队展开攻击，69架飞机分成3个机群，其中2个是鱼雷机群，1个是轰炸机群。这些日机离美舰还有70海里时，就被美军雷达发现，但是在日机发起攻击之前，美军只有3架战斗机升空拦截，未起作用。此外，美军的2艘航空母舰虽同在一个环形警戒序列之中，但规避运动逐渐

战斗机

181

加大两舰之间的距离，警戒舰也随之一分为二，警戒能力随之削弱。

日机迅速抵近"列克星敦"号航空母舰，朝其左舷和右舷投掷鱼雷，实施两面夹击。其中2颗鱼雷击中该舰左舷，3个锅炉舱进水。"列克星敦"号试图规避，但由于吨位大，机动能力差，躲闪不及，又遭到2颗炸弹的攻击。但该舰主机未受损伤，航速可达24节，仍可使用。

到中午，"列克星敦"号的一台发电机冒出的火花，点燃了被鱼雷打坏的舰底油箱渗出的油料，引起爆炸。晚22时，弗莱彻将军命令驱逐舰将受重创的"列克星敦"号航空母舰击沉。

在"列克星敦"号之后跟进的"约克城"号航空母舰同样受到日机的注意。但该舰较小，转舵灵活，成功地避开了日机发射的鱼雷，仅中炸弹1颗，战斗力并没有受到多大削弱。

美军开始回收返航飞机时，2艘航空母舰虽然受创，但均能使用。而日本航空母舰"翔鹤"号已丧失战斗力，"瑞鹤"号容纳不下两舰的飞机，只好将许多飞机抛入大海。日军能用于作战的飞机仅剩9架，而美军尚有37架攻击机和12架战斗机可以作战。但是，由于"列克星敦"号航空母舰发生爆炸，美军没再发动攻击，奉命退出战斗，乘夜南下。

"MO"舰队司令井上成美下午接到战况报告：美军2艘航空母舰遭到致命打击，"列克星敦"号确已沉没，"约克城"号很可能沉没；日方飞机几乎都中了弹，暂停第二次航空攻击。据此，井上成美认为日军并未掌握制海权和制空权，同意舰队停止作战行动，并下令无限期推迟对莫尔兹比的进攻，同时命令各有关部队做好攻占瑙鲁和大洋两岛的部署。

日本本土的联合舰队和大本营海军部，均不同意井上停止作战以及延期攻占莫尔兹比的安排。结果由山本五十六向第四舰队发出"应继续追击，歼灭残敌"的电令。遵照联合舰队的命令，"MO"舰队再度南下追击美军舰队，但是美舰早已失去了踪影。9日下午，联合舰队见战机已失，只好下令将莫尔兹比作战延期至7月份第二阶段第三期再行实施。

中途岛和
阿留申群岛战役

珊瑚海战，从战术角度看，日美双方损失不相上下，但从战略角度看，日本却是失败者。此战使日本海军在太平洋上的进攻锋芒首次受挫，攻占莫尔兹比港的战略企图未能实现，日军的南进受到了扼制。

虽然如此，日军遏制美军进军太平洋、消灭美军舰队的强烈企图并没有减弱。1942年5月5日，日本大本营陆海军部就攻占中途岛和阿留申群岛西部的作战达成协议，规定：陆海军协同"攻占中途岛，封堵敌国舰队自该方面的机动，并推进我方的作战基地，……海军在以有力部队支援和掩护攻占中途岛的同时，捕捉歼灭前来反击的敌舰队"。此外，陆海军协同攻占并破坏阿留申群岛西部要地，增加美军自该地机动及空中进攻的困难。

1942年5月26日，联合舰队最后确定了具体作战计划，其中包括3项独立的但相互支援的作战行动：占领西阿留申群岛；占领中途岛；舰队决战。

战役目的是为日本海军航空兵获取前进基地，继续向中太平洋和西南太平洋扩张，同时诱歼美国太平洋舰队。

日军作战计划规定，中途岛的登陆日为6月6日。该计划以登陆日为中心，详细安排了各部队的行动时间表。鉴于攻击阿留申群岛的目的之一是配合中途岛作战，因此，攻击将首先从北方开始。

按计划，6月3日，北方部队的第二机动部队应对荷兰港进行压制性空袭。6月5日，开始在阿达克岛和基斯卡岛登陆。阿达克岛的登陆作战由阿图岛攻占部队执行，并在摧毁岛上军事设施和在港湾、荷兰港内布雷后把部队撤走。6月11日，在阿图岛登陆。

在中途岛方面，从5月下旬至6月2日，远程侦察机和潜艇应对美军情况进行先行侦察。6月4日黎明，第一机动部队的舰载飞机从中途岛西北250海里的水域对中途岛实施大规模空袭，目标是美军航空兵力、防御设施和附近的任何水面兵力。登陆前一天，应占领中途岛西北60海里处的小岛库雷岛，以便直接支援中途岛登陆作战。6月6日，攻占中途岛。尔后，各部队进入待机阵位，准备迎战前来救援的美军舰队。若一周内未见美军舰队出动，各部队应于6月13日分别返回，准备实施第二阶段第三期作战，即切断美澳之间的海上交通线。

根据破译的日军密码电报，到1942年4月上旬，美军即获悉日军将很快发动夺取新几内亚东部的作战，随后将动用联合舰队的大部兵力，在太平洋正面发动更大规模的攻势。据此，太平洋舰队在派遣第十七、第十六两支航空母舰特遣舰队前往西南太平洋的同时，要求这两支舰队待珊瑚海局势稳定后，立即返回珍珠港，准备对付日军的进攻。

1942年5月中旬，美军根据新破译的日军电报，进一步掌握了日军具体作战计划方面的情报，包括其作战企图、兵力基本编成、接近方向，以及进攻日期等情况，明确了日军将于6月3日和4日分别进攻阿留申群岛和中途岛。

然而，美军可以用来抗击日军进攻防兵力很少。"列克星敦"号航空母舰已经沉没珊瑚海。"萨拉托加"号航空母舰虽已修好，但正在美国西海岸进行训练，后又因组织护航兵力而耽误了时间，6月6日才抵达珍珠港，未来得及参加这场海战。"大黄蜂"号和"企业"号航空母舰奉命急速从南太平洋开往夏威夷，5月26日进入珍珠港。被击伤的航空母舰"约克城"号原定3个月修复，但在3天之内便抢修完毕，准备参战。这3艘航空母舰及其护航舰只，是美军当时能够用于抗击日军进攻的主要兵力。

面对与日军兵力悬殊的局面，尼米兹将军首先作出的抉择是：集中兵力保卫中途岛，放弃阿留申群岛，或者腾出部分兵力加强阿留申群岛。他选择了后者，于5月17日决定组成以第八特遣舰队为主的北太平洋部队；5月22日，又将陆军第十一航空队配属北太平洋部队，统由罗伯特·西奥博尔德海

军少将指挥。至于中太平洋的防御，由于中途岛面积很小，部署不下足以击退日军大规模进攻的兵力，尼米兹遂重点加强岛上的防御力量。在水际滩头及周围水域布设了水雷，加强海军陆战队的守备兵力，并增加了一些高炮。此外，还加强了岛上航空兵力。

5月27日，尼米兹向所有陆海空参战部队指挥官下达作战计划，指出：由于双方力量悬殊，美国航空母舰部队应避免在中途岛以西正面与日军交锋，而采取翼侧伏击战术，突然袭击日军航空母舰部队。为此，要求第十六、第十七两支航空母舰特遣舰队于5月28日和30日先后驶离珍珠港，于6月2日秘密驶抵中途岛东北约325海里处会合，隐蔽待机，准备突袭预计在中途岛西北面出现的日军航空母舰部队。

尼米兹命令这两支航空母舰舰队指挥官，运用强大的消耗战术最大限度地摧毁敌人，亦即以舰载机对日实施空袭。同时，尼米兹给航空母舰舰队司令的特别指令指出：

　　在执行规定的任务时，你们必须遵循不轻易冒险的原则。这一原则须理解为：若无把握使优势之敌遭受较之我方更大的伤亡，则须避免暴露自己，免受其打击。

从美军的作战计划及兵力部署来看，美军的作战重点放在中途岛方面。在阿留申群岛方面，以一部兵力实施干扰破坏忄生作战。在夏威夷和本土西海岸方面则采取警戒态势。

按照计划，在拉开中途岛之战的帷幕之前，日军首先以北方部队的第二机动部队攻击阿留申群岛荷兰港的美军海空基地。

6月3日2时左右，日军第二机动部队避开美军潜艇、巡逻艇和飞机的侦察与警戒，抵达荷兰港西南约180海里处，48架舰载战斗机和轰炸机起飞前去实施第一次空袭。由于气候恶劣和美军战斗机的拦截，空袭收效不大，仅摧毁油罐场、无线电站等地面设施，但发现了5艘美军驱逐舰。

8时45分，日军再次起飞飞机45架，实施第二次空袭。又因乌云遮盖，能见度不佳等原因，仅有两架飞机到达目标区域上空。在美军战斗机拦截下，这两架飞机一毁一伤，第二次空袭失败。

第二机动部队原计划3日以空袭压制荷兰港的美海空力量之后，即转向攻击阿达克岛、阿图岛和基斯卡岛，支援该地登陆作战。但由于空袭目的未能达到，第二机动部队决定4日再度空袭荷兰港。其间，美国太平洋舰队曾明确要求仅以飞机和潜艇进行反击，因此，美军的水面舰队主力始终停在后方的科迪亚克岛待机，飞机则频频攻击日军舰队。因气候不良，云层太低，未取得战果，美军损失9架飞机。

4日午后，第二机动部队的突击机群刚离舰，便接到联合舰队的命令：迅速南下支援中途岛方面作战。第二机动部队回收飞机后，于18时26分转向南下，前去与第一机动部队会合。

5日清晨，北方部队指挥官细萱海军中将获悉，由于作战受挫，联合舰队主力已经开始从中途岛撤退。细萱认为，如不能攻占中途岛，即便完成北方作战任务也没有意义，而且会由于伸展太远而处于不利地位，因此下令推迟

美军航空母舰

阿留申作战，各部队准备西返。

然而，山本却认为攻占该群岛西部，阻止美军航空力量南进非常必要，遂于10时下令第二机动部队返回北方参战，同时抽出正在回撤的主力部队的部分兵力加强阿留申群岛作战部队。

7日1时27分和21时15分，日本海军陆战队和陆军北海支队分别占领了基斯卡岛和阿图岛，登陆未遇抵抗，俘虏两岛美军非战斗人员几十名。由于新发现的沃特角美军机场离阿达克岛仅有350海里，细萱将作战计划作了一些改动，决定不在阿达克岛登陆。之后，日军北方部队的海上舰队即准备迎战可能来袭的美国舰队。

从6月11日起，美军岸基飞机对基斯卡岛日军展开反击，于11日和19日击伤日军驱逐舰1艘，击沉运输舰1艘。由于担心日军联合舰队主力在基斯卡岛以南设伏，尼米兹放弃了派航空母舰部队北上打击日军部队的打算。

6月19日，在确认美军舰队不会再来之后，日军除基斯卡岛和阿图岛守备部队之外，其他部队全部撤回。阿留申群岛战役至此结束。

1942年5月26日，日军航空母舰第一机动部队从柱岛基地出发，驶向中途岛西北面250海里附近的出击地点。28日，山本五十六海军上将率领的主力部队离开柱岛，在第一机动部队之后数百海里距离上跟进。

参加中途岛作战的日军，虽然在兵力上占绝对优势，但始终未能掌握美军航空母舰部队的动向。按照联合舰队计划，作战行动首先从对夏威夷和中途岛方面的敌情侦察开始。

为此，制定了代号为"K号作战"的侦察计划，规定2架大型水上侦察机于5月30日从马绍尔群岛的沃特杰起飞，至中途岛与夏威夷之间的弗伦奇—弗里格特沙洲，加油后于当夜飞抵瓦胡岛执行侦察任务。

然而，负责油料补给的日军潜艇发现弗伦奇—弗里格特有2艘美国舰船和美军水上飞机。因此，日军不得不放弃"K号作战"，指望预定6月1日在中途岛至夏威夷之间构成的潜艇警戒线能够提供预先警报和美军兵力情况。

但是，这些潜艇迟至6月3日才到达指定阵位，而6月1日前，美国的两支

航空母舰舰队已经通过这一带海域。其间，日军无线电侦听也出现了失误，未能提供有关美国舰队活动的准确情报，致使第一机动部队遭到美国航空母舰的突然袭击。美国太平洋舰队第十六、第十七航空母舰特遣舰队，按计划于5月28日和30日分别驶离珍珠港，中途岛美军岸基航空兵也于30日开始实施700海里半径的空中巡逻。

6月3日8时20分，美军侦察机在中途岛以西430海里处首先发现日军攻占中途岛部队的先头部队。接着，9时15分，美机又发现日军运输舰队。由于估计到日军将从中途岛西北方向实施主要突击，所以美航空母舰便在中途岛东北偏北约300海里处待机，中途岛基地的部队也严阵以待。直到下午，未发现日军其他部队，9架B—17型轰炸机奉命从中途岛起飞，于16时30分实施攻击，但无战果。入夜，4架美军水上飞机携带鱼雷从基地起飞，击中日军油船1艘。就在这批飞机返回基地前，中途岛也受到日军的空袭。

中途岛战役的决定性战斗于6月4日上午打响。当时双方作战部队的位置及相互关系如下：4时30分，日军第一机动部队进抵中途岛西北约240海里处后，即向中途岛接近；4时52分，山本五十六的主力舰队进至中途岛西北800海里的水域。4时，向中途岛方向南下的美国航空母舰舰队距离日军第一机动部队约200海里。直到当日战斗告一段落的12时，日军攻占部队中的战列舰主力，仍位于第一机动部队西南340海里处。由于日军各部队分布过广，相互距离过大，无法实施配合作战，尽管双方都派出了大量水面作战舰艇，但4日的决战实际上是以3艘美国航空母舰的舰载机和中途岛岸基飞机为一方，以日军第一机动部队的4艘航空母舰的舰载机为另一方的海上空战。

由于不知道美军航空母舰就在附近，日军第一机动部队仍按原计划于6月4日4时30分下令第一攻击波的108架飞机升空飞向中途岛，同时派出侦察机向东方海面搜索可能出现的美国舰队。

5时34分，美军巡逻机在中途岛西北发现日军航母舰队；在同一方位还发现大批日军飞机。接到报告后，中途岛上几乎所有的飞机于6时以后升空，以免被消灭在地面。

从7时05分起，美军飞机分三波连续攻击日军舰队达1个半小时。但是，由于日军防空炮火猛烈和战斗机的拦截，加上美军飞行员无实战经验，美军飞机未能突破日军防御，所投鱼雷和炸弹无一命中。参加攻击的40架美机被击落15架，受创报废6架，仅有19架尚能作战。

起飞迎战日机的美国战斗机在距中途岛30海里的空域与日机遭遇。由于日军"零"式战斗机的空战性能远比美机优越，双方交战不久，美机便转攻为守，并设法摆脱日军战斗机的追击。日军机群对中途岛进行了近30分钟的轰炸，地面设施几乎全部遭到破坏，仅飞机跑道幸免被毁。

美日首次交锋的结果对日军有利。日方军舰未受到任何损失，而中途岛上的美军飞机已经损失一半。然而，美军的中途岛岸基航空兵虽然未能狠狠打击日军航空母舰部队，却通过积极进攻牵制了日军半数的空中兵力，对日军航母舰队的翼侧构成威胁，迫使日军在兵力使用和作战指挥上顾此失彼。此战，还使美军确认了日军航母的位置，为下一步突击创造了必要条件。

当中途岛派出的侦察机首次报告发现日军航空母舰时，美国航空母舰编队正位于日军航空母舰编队东北方向大约200海里处。美军两支航空母舰编队的指挥官弗莱彻将军立刻命令"大黄蜂"号和"企业"号航空母舰向西南急进，一经查明敌航空母舰位置，立即予以攻击。"约克城"号则在回收侦察机后随后跟进。

7时许，在估计距日军航空母舰150海里处，第十六特遣舰队司令斯普鲁恩斯命令舰载机起飞。7时45分和8时零6分，"企业"号和"大黄蜂"号的117架轰炸机、鱼雷机和战斗机分两批前去攻击日军航空母舰。8时30分稍过，弗莱彻决定动用"约克城"号上的35架飞机参战。

在此期间，日军南云第一机动部队一直保留半数舰载机，准备对付可能出现的美军航空母舰，但始终未发现美舰的行踪。同时，南云部队又频繁受到中途岛岸基飞机的攻击。

在这种情况下，南云下令，准备攻击美国舰队的日军第二波突击机群，立即换掉鱼雷炸弹，改装轰炸陆上目标的炸弹，随时准备再次出击中途岛。7

时28分，日军搜索飞机报告，发现10艘美国军舰。但直到8时20分，日机才又报告，其中似有1艘航空母舰。

南云在7时45分重新命令部队将炸弹改换鱼雷，准备攻击敌舰队。但是，由于更换武器需要时间，飞机无法立即起飞。此外，7时零5分至8时35分，日舰队频频受到中途岛岸基飞机的攻击和美国潜艇的袭击，被迫一再进行规避运动，这不仅妨碍了舰载机的起飞，更使日舰队陷于混乱状态。直到8时30分左右开始回收袭击中途岛后返航的机群时，这种混乱状态才告结束。9时18分，最后一架飞机回收后，南云第一机动部队开始北撤，以便整理队形，袭击美国军舰。然而，为时已晚，美军的舰载机已经飞临南云部队的上空。

9时23分至10时20分，"大黄蜂"号、"企业"号、"约克城"号的41架鱼雷机，在没有战斗机掩护的情况下，分三批首先发起进攻，但均被日军战斗机拦截，损失飞机38架，所发射的13校鱼雷无一命中。美军鱼雷机的攻击虽未奏效，但却将日军战斗机引向低空，为随后从高空俯冲而下的轰炸机的进攻创造了有利条件。

10时10分，来自"企业"号的轰炸机队飞抵日军航空母舰部队上空。10时24分，25架美军轰炸机在没有日军战斗机拦截的情况下，对准"加贺"号航空母舰俯冲而下，直接命中4枚炸弹。另5架轰炸机，于10时26分左右轰炸日军"赤诚"号航母，命中2弹。10时25分，"约克城"号的17架轰炸机攻击日军"苍龙"号航母，命中3弹。3艘日军航空母舰中弹后即爆炸起火，丧失作战能力，随后相继沉没或发射鱼雷自沉。

这样，日军能够用来反击的兵力仅剩"飞龙"号1艘航空母舰。10时58分，"飞龙"号起飞轰炸机18架、战斗机百架反击美军航空母舰。12时左右，日本飞机飞抵"约克城"号上空，在与美军战斗机激战中实施轰炸，投中3弹，自己损失13架轰炸机和3架战斗机。13时31分，"飞龙"号集中能够使用的全部攻击兵力共10架鱼雷机和6架战斗机，再次起飞攻击美国航空母舰。14时40分左右，"约克城"号又被2颗鱼雷击中，15分钟后，舰长下令弃船。反击得手的日军误认为已经重创2艘美军航空母舰，企图在薄暮时以

　　"飞龙"号残存的5架轰炸机、4架鱼雷机和10架战斗机，对剩下的1艘美军航空母舰实施第3次攻击。

　　重创日军3艘航空母舰的美军急于寻找第四艘航空母舰。14时30分，美军搜索飞机发现了"飞龙"号。15时30分和16时零3分，美军集中40架轰炸机分两批起飞攻击日舰。16时45分左右，第一批轰炸机背对夕阳接近目标，8分钟后开始攻击，4枚炸弹命中目标，"飞龙"号燃起大火，6月5日12时日军发射鱼雷自沉"飞龙"号航空母舰。

　　美军第二批轰炸机转向对日军战列舰、巡洋舰的攻击，未果，美军损失轰炸机5架。至此，美军击毁了日军第一机动部队的全部航空母舰4艘和舰载飞机，取得海上伏击战的决定性胜利，迫使日军放弃对中途岛的进攻。此后，美军为避免与日军夜战，回收飞机后，于19时零7分向东方规避。战斗力大减的日军第一机动部队担心美军追击，向西北方撤退。

　　在中途岛战役中，日军损失航空母舰4艘、重巡洋舰1艘，损伤战列舰1艘、重巡洋舰1艘、驱逐舰2艘、油船1艘，另有2艘驱逐舰相撞受伤，损失各类飞机332架。美军损失航空母舰和驱逐舰各1艘，损失飞机147架。

　　日军大本营海军部鉴于损失严重，于6月6日决定中止对中途岛的攻占行动。10日决定，推迟预定在7月实施的对莫尔兹比以及对澳大利亚东部的新喀里多尼亚、斐济和萨摩亚各群岛的进攻战。

瓜岛制胜
盟军掌握主动权

中途岛海战失败之后，日军统帅部重新制订了新的作战方案：

尽快攻占莫尔兹比并扫荡英属新几内亚一带的残敌，在必要地点建立航空基地，以便于对澳大利亚实施航空作战，加强反击态势。

为获取矿源，填补所罗门群岛与马绍尔群岛之间的警戒空隙，由海军实行对瑙鲁岛、大洋岛的占领，并在两岛设立航空基地，加强其警戒能力。

以潜艇和水面舰艇加强印度洋的破交战，以潜艇加强对美澳交通线的破交战。

加强所有已占地区的防御，准备对付盟军的反攻作战。

日军具体的作战方案是，从新几内亚岛北部登陆，翻越欧文斯坦利山脉，攻占莫尔兹比港。为掩护这一攻势的翼侧，日军开始在瓜达尔卡纳尔岛（简称瓜岛）修建轰炸机跑道。

中途岛海战的胜利，使盟军在太平洋战场第一次有了反攻的机会。由于美日双方的海空力量对比尚未发生根本转变，美军无力在整个太平洋区域全面反攻，遂决定在局部地区，即日军威胁最严重的西南太平洋实施反攻。这是因为，经过5月的珊瑚海之战，美军虽然在该区域暂时阻止了日军的进攻，但日军占领的图拉吉岛依然威胁着美澳交通线。

　　中途岛海战之后，以西南太平洋战区司令麦克阿瑟为代表的陆军和以海军总司令金为代表的海军，虽然都主张尽早开始反攻，但对于如何反攻的问题却持有不同的意见。在麦克阿瑟看来，反攻并不是对小小的图拉吉岛发动一次突袭，而是对新不列颠岛和新爱尔兰岛发动大规模攻势，以控制拉包尔和战略要地俾斯麦群岛。他认为，只需3个陆军师、1个海军陆战师和2艘航空母舰，就能迅速夺回俾斯麦群岛，将日军逐回700海里以外的特鲁克，从而获取防御与进攻两方面的战略优势，并立即进一步扩张战果。

　　金海军上将赞成反攻，但不同意直接进攻俾斯麦群岛，因为这对航空母舰来说太危险。他主张，应采取分阶段逐步推进的稳妥方法，实施从所罗门群岛到拉包尔的反攻。

　　美国参谋长联席会议就此连续召开多次会议后，采纳了海军的建议，并于1942年7月2日下达代号为"瞭望台"的指令，规定战役第一任务是夺取圣克鲁斯群岛、图拉吉岛及其附近的要地，由太平洋战区司令尼米兹将军担任战略指挥。在图拉吉地区站稳脚跟后，即执行战役第二任务，向巴布亚半岛的萨拉马瓦和莱城进军，同时夺取所罗门群岛的剩余部分并北上。该阶段由麦克阿瑟将军担任战略指挥。之后，盟军转而对拉包尔实施两面夹击。

　　美军在制订"瞭望台"计划期间，获悉日军正在瓜达尔卡纳尔岛修建飞机跑道，颇感震惊：如果日军在此地修建了机场，就会危及美澳交通线上的重要基地圣埃斯皮里图岛、埃法特岛，甚至新喀里多尼亚的北部机场库马西，这对美军今后的作战非常不利。

　　7月10日，尼米兹给在南太平洋地区担任指挥的戈姆利海军中将下达作战指令，命令其部队攻占图拉吉岛和瓜达尔卡纳尔岛。这样，瓜岛登陆便纳入夺取图拉吉岛和圣克鲁斯群岛的第一阶段作战计划中。

　　预定登陆日期为8月7日。美军必须在日军修完机场之前夺取该地。谁在作战中首先使用这个机场，谁就能赢得胜利。南太平洋美军的基本兵力为第六十一远征特混编队（司令弗莱彻）和第六十二南太平洋两栖编队（司令特纳）。此外，还有一支岸基航空编队。

　　为实施该战役，从新西兰和圣迭戈调来登陆突击部队海军第一陆战师，由亚历山大·范德格里夫少将任师长。弗兰克·弗莱彻海军中将指挥航空母舰编队，并担任整个登陆编队的战术指挥，原任海军作战部计划部部长的里奇蒙·特纳海军少将负责指挥两栖作战部队，麦凯恩海军少将指挥岸基航空兵编队。

　　1942年8月7日凌晨1时，美海军第一陆战师分乘23艘运输舰，在航母编队的护航和掩护下，抵达瓜达尔卡纳尔岛西北附近海域，分两路直扑瓜岛和图拉吉岛。7日凌晨，美军开始登陆，至8日下午，夺占了瓜岛上的日军机械厂、发电厂、物资仓库，以及整个图拉吉岛及其邻近的另外2个小岛，同时消灭驻岛日军大部。日军残部退入丛林藏匿。至8月9日，美军上岛部队已达1万人。

　　日军大本营获悉美军登陆瓜岛的消息后立即决定：取消印度洋的破交战，派遣联合舰队主力支援东南太平洋作战；现驻东南太平洋的第四舰队、第八舰队及海军第十一航空舰队统编为"东南方面部队"，由第十一航空舰队司令官统一指挥，并立即展开攻击；驻拉包尔的陆军第十七集团军，在实施预定的莫尔兹比进攻战的同时，速将散布各地的部队集中于拉包尔，与海军协同，夺回瓜岛和图拉吉岛。

　　8月7日至9日，从拉包尔起飞的日军岸基航空兵对美军舰队连续实施攻击，遭到美军舰载机和防空炮火的猛烈拦截。日军损失36架飞机。美军损失12架飞机，1艘运输舰重伤报废，1艘驱逐舰沉没。日军的空中攻击虽未给美军舰队造成重大损失，但为了避免进一步的伤亡，美军舰队于8月8日下午向南退避，放弃了对登陆部队和正在卸载的运输舰队的掩护，从而为日军第八舰队的夜袭提供了条件。

　　8月7日下午，日军第八舰队从拉包尔启航，向瓜岛方向驶去，准备乘夜暗袭击盟军的运输船只，挫败其登陆行动。8日深夜，该舰队在瓜岛以北的萨沃岛海域与正在南区巡逻的盟军舰只遭遇，当即发起攻击。激战35分钟后，日军舰队击沉盟军重巡洋舰4艘，击伤重巡洋舰1艘及驱逐舰2艘。日军损失轻

微。这次萨沃岛海战，是美国海军遭受的最严重的失败之一。虽然日军在该战中未攻击盟军运输船只，未能阻止盟军登陆，但它取得了重大战果，迫使盟军运输舰队未卸完物资便随同掩护舰队于9日上午全部撤离，从而将瓜岛的占领部队置于危险之中，致使整个"瞭望台"战役的完成推迟了数月。

8月10日，日军大本营决定派步兵第二十八团，即一木支队前往增援。8月18日，乘6艘驱逐舰自特鲁克抵达瓜岛附近海域的日军第二十八团先遣队，以1个步兵营和1个工兵连，共1000人乘夜暗在瓜岛东部上陆。该部队以为岛上仅有2000名美军，遂决定不等预定22日到达的后续部队，立即实施进攻，夺回机场和瓜岛。经过昼伏夜出的行军，日军一木支队先遣队于21日夜对机场附近的美军发起进攻。在数量占绝对优势的美军反击下，到22日下午，包括指挥官在内的一木支队先遣队大部被歼，仅100余人得以退守上陆点。日军第一次夺回瓜岛的作战以失败告终。

海军陆战队队员

195

日军不甘心其失败，动用联合舰队主力，准备实施第二次瓜岛争夺战。8月24日，日军输送登陆部队1500人，及护航的舰艇编队进至瓜岛以北200余海里处，日海军第二舰队则在其东面40海里处航行。两支舰队共拥有航母3艘、战列舰2艘、巡洋舰6艘、驱逐舰24艘，以及舰载飞机177架。

当时，在瓜岛以东150海里处活动的为美海军第六十一特混编队部分兵力。该编队的巡逻机发现了日军第二舰队前方的轻型航空母舰，未看到在其后跟进的日军第二舰队主力。由于美"黄蜂"号航空母舰编队已返南方补给燃料，能同日军交战的只有2艘航空母舰。于是，弗莱彻将军决定进行先发制人的攻击。

当日下午，美舰队抢先对日军发起攻击，共出动30架轰炸机和8架鱼雷机，一举击沉日轻型航空母舰"龙骧"号。随后，美舰发现了日军第二舰队主力，当即派出舰载机前往迎击。由于未找到日军的主力航空母舰编队，只击中1艘水上飞机供应舰。与此同时，日舰载机也飞临美舰上空。经过激战，美军"企业"号艘航空母舰受创，17架飞机受损。日军90架飞机被击落、击伤。入夜，美特混编队撤离战场，日军第二舰队也退往特鲁克岛。但是，日军登陆输送队在驱逐舰护送下，利用夜暗继续向南驶去。25日黎明，美军驻瓜岛机场的岸基航空兵前往袭击。日军1艘运输船和1艘驱逐舰被击沉，1艘巡洋舰受重创。日军被迫放弃登陆企图。

所罗门群岛以东海战是太平洋战争期间第三次大规模航空母舰作战，也是围绕瓜岛进行的第二次海上作战。尽管这不是一场决定性作战，却阻止了日军利用大量船只输送登陆部队上岛的活动。

在瓜岛机场美军航空兵的打击下，日军不得不放弃用速度缓慢的运输船运送部队，改用快速驱逐舰运兵。8月28日至9月2日夜晚，日军在夜暗的掩护下，分数批将川口支队和一木支队第二梯队共5000人送上瓜岛。其中除8月28日夜，首批驱逐舰运输队在瓜岛以北遭美军瓜岛飞机的攻击、暂停登陆行动之外，其余的夜间登陆均获成功。9月4日、5日和7日夜，日军又以同样的运输方式将青叶支队一部送上瓜岛。至9月7日，登陆日军已达8400人。

鉴于登陆成功，日军于9月12日夜兵分三路向瓜岛机场发起进攻。与此同时，日海军舰队奉命消灭附近海域的美军舰队，支援陆军在瓜岛的反攻，待夺取机场，日机立即进驻。然而，日军的行动已在美军预料之中。美海军陆战队兵力处于优势，在105毫米榴弹炮火力支援下，用迫击炮和机枪抗击来袭日军。日军当夜和次日均未突破美军防线，最终溃败，躲入丛林。日军伤亡1500多人。联合舰队在海上也一无所获，于14日撤回特鲁克岛。日军第二次反攻又以失败告终。

然而，弗莱彻的航空母舰编队却在珊瑚海遭到日军潜艇的沉重打击。8月31日，1艘日军潜艇用鱼雷击伤美航空母舰"萨拉托加"号，使其在尔后3个月的关键时期未能参加战斗。两周后，航空母舰"黄蜂"号和1艘驱逐舰又被日军潜艇击沉，1艘战列舰被击伤。这样，盟军在整个太平洋海域能够执行作战任务的航空母舰只剩下"大黄蜂"号，没有受伤的战列舰只有"华盛顿"号。日军几次争夺瓜岛失败，兵力分散是原因之一。由于日军过低估计了美军在瓜岛的地面兵力，在近2个月的时间里，一直把地面部队主力用于夺取巴布亚半岛和莫尔兹比的作战。如8月中旬集结在特鲁克岛的1.7万名地面增援部队中，竟抽调1.1万名部队加强新几内亚岛东部的作战，只把其余的兵力投入夺回瓜岛的战斗。

日军对盟军登陆瓜岛估计不足，仅把它看作是一次侦察行动，并认为即使是正式登陆，也不难夺回。因此，仍按原计划实施攻占莫尔兹比港、新几内亚、吉尔伯特群岛等要地的作战，企图在东南太平洋战区将莫尔兹比——所罗门群岛——吉尔伯特群岛连成一线。

7月21日，日军横山先遣队及部分海军陆战队分别在新几内亚的戈纳和布纳登陆。7月28日，日军大本营下令，陆军南海支队迅速沿布纳——科科达——线前进，翻越欧文斯坦利山脉，攻占莫尔兹比。同时，海军陆战队进攻新几内亚东南角，配合莫尔兹比作战。

8月，盟军在瓜岛反攻，日本陆军仍将作战重点放在新几内亚方面。瓜岛战况日趋激烈，日军两线作战，顾此失彼。西南太平洋战区盟军乘机发起反

击，9月5日收复拉比，日军仅撤出一半人员。随后，盟军加紧对新几内亚东部米尔恩湾等日军基地的进攻，使日军的补给和增援日益困难。与此同时，盟军全力对付莫尔兹比北面日军主力的进攻，至9月16日，终于将日军南海支队阻于欧文斯坦利山脉南麓、距莫尔兹比50公里的地方。

此时，日军在瓜岛的作战也屡遭失败，日军大本营遂决定，将作战重点由新几内亚转至瓜岛方向，一切为夺回瓜岛让路。9月18日，大本营命令南海支队停止进攻，再次翻越大山，撤回布纳固守。

同一天，大本营陆海军达成协定：

待陆军增援部队做好准备后，发挥陆海军的综合力量，一举夺回瓜岛机场；海军则尽力阻止美军对所罗门的支援。

至10月17日，日军在瓜岛的兵力已达15个步兵营计2.2万人、25辆坦克和各种火炮100余门。第十七集团军司令官也于10月9日率战斗司令部登陆瓜岛，准备亲自督战。

为了对付日军更大规模的反攻，美军不断向瓜岛运送兵力和物资装备。9月18日，将海军陆战第一师第七团4200人送上瓜岛，10月13日，陆军第一六四步兵团3000人也在瓜岛上陆。截至10月23日，美军在岛上的兵力达2.3万人，与日军大致相等。

为了压制瓜岛美军岸基航空兵，掩护陆军登陆，日本海军水面舰队多次试图夜间炮击瓜岛机场。10月11日夜，执行炮击任务的日军第八舰队与美军舰队在萨沃岛西北8海里处遭遇。在这场埃斯佩兰斯角海战中，美军击沉日巡洋舰、驱逐舰各1艘，击伤巡洋舰2艘；美军损失1艘驱逐舰和2艘巡洋舰，1艘驱逐舰受创。此战阻止了日军当夜的炮击行动。但是，10月13日、14日和16日夜，日军战列舰、巡洋舰连续3次炮击瓜岛机场成功。

10月24日夜和25日夜，日军第十七集团军司令先后两次组织部队对机场发起总攻，但此时美军阵地已经大为加强。在美军强大火力的打击下，日军

两次进攻均告失败。26日上午，日军司令官下令停止进攻，撤离战场，等待增援。

美军粉碎日军多次夺岛企图后，仍不敢掉以轻心，继续向瓜岛实施增援。11月4日，海军第二陆战师第八团在瓜岛登陆；11日，岛上美军第一陆战师的补充兵员登陆完毕；12日，美国陆军第一八二步兵团主力也登上瓜岛。这样，美军在岛上除了原先的海军陆战队1个师的兵力外，又增加了将近1个师的陆军部队，总兵力达2.9万人。

此外，还增加了许多大口径火炮和坦克等武器，大大加强了火力。岛上航空兵兵力为5个陆战队飞行中队、4个海军飞行中队和1个陆军飞行中队。

日军在经历10月份的惨败后，其统帅部一度产生动摇，认为争夺瓜岛之战得不偿失，但最终还是决定投入更大的兵力，坚决夺回瓜岛。

11月6日，大本营陆海军部达成东南太平洋作战的协定，规定为确立东南太平洋的优越态势，首先必须夺回瓜岛等所罗门群岛南部要地。为此，组建陆军第八方面军，下辖第十七集团军和第十八集团军，两个集团军分别担负夺回瓜岛的作战和随后的新几内亚方面的作战任务。方面军另直辖1个师。海军则以第二、第五和第八舰队主力及第十一航空舰队协助陆军作战。

日军计划于12月下旬完成一系列航空基地的建设；尔后以大规模空战夺取制空权；至1943年1月中旬，完成对瓜岛的大规模兵员与作战物资的输送。完成上述作战准备之后，于1月下旬开始发动总攻。

然而，日军在作战准备阶段便连遭挫折。从10月底开始，日军就加紧向瓜岛运输兵员物资。至11月12日，岛上的日军部队居然超过美军兵力1000人，达3万人。但是，这种小规模的逐次增兵只是一种权宜之计，满足不了大规模作战的需要。因此，日军决定再次使用大型运输船队，在海军护航舰队和航空兵的掩护下，将第三十八师主力及第十七集团军直属部队共计1.3万人送上岛。

此时，盟军也准备将6000名陆军和海军陆战队送上瓜岛，为此，调集了航空母舰1艘、战列舰2艘、巡洋舰8艘、驱逐舰18艘，为7艘运输船护航。

11月12日晚，美军两栖编队司令特纳获悉，日炮击编队正向美军接近。为挫败日军对机场即将发起的夜袭，特纳从护航运输队的护航舰只中抽出5艘巡洋舰和8艘驱逐舰，在海军少将丹尼尔·卡拉汉的指挥下前去迎战，由此拉开了历时3天的瓜达尔卡纳尔岛海战的序幕。

双方经过30分钟激战，盟军巡洋舰1艘和驱逐舰4艘沉没，巡洋舰3艘和驱逐舰2艘受创。日军战列舰1艘和驱逐舰2艘沉没。13日凌晨，双方撤离战场。在这次海上夜战中，日军编队占有绝对优势，但美军编队仍完成了任务，迫使日军战列舰编队撤退和护航运输队返航。

14日，日军运输船队在护卫编队掩护下再次出航，进至瓜岛西北海域，遭到美军舰载飞机和岸基飞机108架次的攻击。结果，日军11艘运输船有6艘包括运载的6000人被击中，沉入海底，1艘受重创返航，其余4艘虽然到达瓜岛，但在15日也被盟军炮兵和航空兵击毁，只有2000人和少量弹药与补给品得以上陆。日军护卫编队被击沉巡洋舰1艘，被击伤巡洋舰3艘。与此同时，日军还派出战列舰1艘、巡洋舰4艘和驱逐舰9艘，再次前往炮击瓜岛机场。

14日夜，该编队在萨沃岛附近海域与盟军前来截击的编队遭遇。双方经过50分钟的交战，日军战列舰1艘和驱逐舰2艘遭重创后自行沉没；盟军战列舰1艘和驱逐舰2艘受创，驱逐舰2艘沉没。

经过3天的海战，盟军共损失巡洋舰2艘、驱逐舰7艘，受创巡洋舰3艘、战列舰1艘、驱逐舰4艘；日军共损失战列舰2艘、巡洋舰1艘、驱逐舰4艘、运输船10艘，被击伤巡洋舰3艘、驱逐舰6艘。

瓜达尔卡纳尔海战不仅是瓜岛争夺战中的决定性一仗，而且在太平洋战争中也具有决定性意义。该战的胜利标志着美军已完全掌握了瓜岛战区的制海权和制空权，从防御转为进攻。而日军在该战中的惨重损失则动摇了它夺回瓜岛的信心。

12月31日，日本大本营陆海军部在御前会议上决定：停止夺回瓜岛的作战；在1943年1月下旬至2月上旬期间，尽一切手段撤回瓜岛部队；尔后，确保新乔治亚岛、伊沙贝尔岛以北的所罗门群岛。

相对瓜岛而言，新几内亚东部更为重要。该地一旦丧失，盟军以此为基地的航空兵将对拉包尔形成更大的威胁，进而可能从根本上瓦解日本在东南太平洋的战略防御体系。于是，日军在讨论放弃瓜岛的同时，又将作战重心重新移向新几内亚方面，企图通过增援，稳定戈纳——布纳地区的战局。

但是，在盟军优势兵力的打击下，日军已无回天之力。至11月下旬，盟军从南、北、西三个方向对戈纳——布纳一带的日军形成包围，并将其分别压制在背靠大海、互不相连的几个地点。12月上旬，盟军再次发动全面攻势。12月8日攻占戈纳，1943年1月2日攻克布纳。1月20日，盟军消灭了戈纳与布纳之间的萨纳南达地区的日军，取得了新几内亚东部反攻的胜利。

与此同时，困守瓜岛的日军，至12月中旬，几乎断绝了海上补给，不仅得不到武器弹药，连日常生活也难以维持，除少量口粮外，只能靠草根树皮度日。此外，还要疲于应付兵力已达5万的岛上美军部队的打击。从1943年2月1日至7日，日军集中了20艘驱逐舰，在航空兵和潜艇的掩护下，将瓜岛处于半饥饿状态的近1.2万名残存部队分3批撤出。至此，历时6个月的瓜岛争夺战以日军失败告终。

通过瓜岛战役，盟军南太平洋和西南太平洋的两支部队分别夺取了日军赖以继续扩大侵略的前进基地，开辟了通往拉包尔的两条反攻道路，实现了太平洋海域从战略防御到战略进攻的伟大转折，为此后全歼日军海上力量，进攻日本本土打下了坚实的基础。

图书在版编目（CIP）数据

战场对决：第二次世界大战的转折 / 胡元斌主编
. ——北京：台海出版社，2013.8（2021.5重印）
（第二次世界大战纵横录）
ISBN 978-7-5168-0238-0

Ⅰ.①战… Ⅱ.①胡… Ⅲ.①第二次世界大战—史料
Ⅳ.①K152

中国版本图书馆CIP数据核字(2013)第188664号

战场对决：第二次世界大战的转折　　　　第二次世界大战纵横录

主　编：胡元斌　严　锴

责任编辑：马思捷　　　　　　　　装帧设计：大华文苑
版式设计：大华文苑　　　　　　　责任印制：严欣欣　吴海兵

出版发行：台海出版社
地　址：北京市东城区景山东街20号　　邮政编码：100009
电　话：010－64041652（发行，邮购）
传　真：010－84045799（总编室）
网　址：www.taimeng.org.cn/thcbs/default.htm
E-mail：thcbs@126.com

经　销：全国各地新华书店
印　刷：北京九天鸿程印刷有限责任公司
本书如有破损、缺页、装订错误，请与本社联系调换

开　本：710×1000　　　1/16
字　数：210千字　　　　　　　　　印　张：13
版　次：2014年1月第1版　　　　　印　次：2021年5月第4次印刷
书　号：ISBN 978-7-5168-0238-0

定　价：48.00元